RIEPL RIEPL ARCHITEKTEN

MR ☺ 🐱 POP

RIEPL RIEPL ARCHITEKTEN

SITES

SpringerWienNewYork

INHALT | CONTENTS

9 ÜBER DAS SICHTBARE HINAUS | BEYOND THE VISIBLE
Friedrich Achleitner

15 GESPRÄCH MIT GABRIELE UND PETER RIEPL | A TALK WITH GABRIELE AND PETER RIEPL
von Robert Fabach | by Robert Fabach

PROJEKTE PROJECTS
Projekttexte   Robert Fabach

31 SCHULZENTRUM | SCHOOL CENTER, KIRCHDORF / KREMS / A

51 STADTHALLE - 3FACH TURNHALLE | TOWN HALL - TRIPLE GYM, KIRCHDORF / KREMS / A

65 OK CENTRUM FÜR GEGENWARTSKUNST | OK CENTER FOR CONTEMPORARY ART, LINZ / A

89 KULTURZENTRUM BRUCKMÜHLE MUSIKSCHULE |
CULTURAL CENTER BRUCKMÜHLE MUSIC SCHOOL, PREGARTEN / A

107 PFLEGEHEIM HÖCHSTERSTRASSE | NURSING HOME HÖCHSTERSTRASSE, DORNBIRN / A

125 STELLWERKE | RAILWAY CONTROL CENTER, LINZ, WIEN | VIENNA / A

139 BÜROHAUS ENGEL, PRAG | OFFICE BUILDING ENGEL, PRAGUE / CZ

151 KIRCHE ST. FRANZISKUS | ST FRANCIS CHURCH, STEYR-RESTHOF / A

173 FACHHOCHSCHULE | UNIVERSITY OF APPLIED SCIENCES, EISENSTADT / A

187 HÖSSHALLE, HINTERSTODER / A

203 WOHNHAUS | PRIVATE HOME / A

221 RISC - RESEARCH INSTITUTE FOR SYMBOLIC COMPUTATION, SCHLOSS HAGENBERG / A

239 KULTURHAUS RÖMERFELD MUSIKSCHULE | CULTURAL CENTER RÖMERFELD MUSIC SCHOOL, WINDISCHGARSTEN / A

257 BAHNHOFCITY WELS / A

273 PROJEKTÜBERSICHT | CATALOGUE RAISONNÉ

284 MITARBEITER | EMPLOYEES

285 BIOGRAFIE | BIOGRAPHY

ÜBER DAS SICHTBARE HINAUS

Zur Architektur von Riepl Riepl Architekten   Friedrich Achleitner

Peter Riepl und Gabriele Riepl gehören jener 'mittleren' Generation österreichischer Architekten an, für die einerseits die Auseinandersetzung mit einem konservativen kulturellen Umfeld nicht mehr im Mittelpunkt steht, die aber andererseits noch nicht jene dienstleistungsorientierte und marktkonforme Leichtigkeit des Umgangs mit Formen und Materialien verinnerlicht (oder veräußerlicht?) hat, die viele jüngere Gruppen praktizieren. Architektur entsteht bei Riepl Riepl immer noch in einer bewußten kulturellen und sozialen Verantwortlichkeit, die den Architekturbegriff noch nicht von den Zielen, ja Utopien der klassischen Moderne abgekoppelt hat. Es werden Traditionen der europäischen Kultur ebenso wahrgenommen, wie die an der Zukunft orientierten Probleme des Bauens.

Vordergründig könnte man dieser Architektur zuerst einen sicheren Umgang mit den heute zur Verfügung stehenden Mitteln bescheinigen, den Stand des architektonischen Wissens reflektierend, der schon a priori 'Gegenwart' signalisiert. Was aber die Riepl´schen Bauten vor anderen auszeichnet, ist nicht nur eine aus der Aufgabe entwickelte räumliche und visuelle 'Gestalt', sondern ihre ortsstiftende Wirkung. Es ist ein Erlebnis, ja ein Vergnügen diese unverwechselbaren Orte aufzusuchen, man wird bereichert, beschenkt, animiert in diesen begehbaren Gedanken weiterzudenken. Wenn ein Topos der Moderne im Hinblick auf Architektur unverbraucht weiterwirkt, dann der, dass sie nicht nur an Orten, aus ihnen heraus entsteht, sondern dass sie auch Orte schafft. Ob im Umgang mit historischer Substanz (Schloss Hagenberg) oder an einer kleinen Industrieansiedlung des 19. Jahrhunderts, der Verbindung von früher Arbeitswelt mit Technik und Natur, mit Wasser und Granit (Bruckmühle), ob im Zentrum (Hinterstoder) oder am Rand einer Gemeinde (Windischgarsten), immer erschließt der Bau für das Leben im Ort nicht nur neue

Dimensionen, Möglichkeiten der Artikulation des kulturellen Lebens, sondern gleichzeitig auch neue Wahrnehmungen des Umfelds, unerwartete, selektive Blicke auf die Landschaft. Ob im Zentrum einer Großstadt (wie das OK von Linz) oder im Verband eines bestehenden Schulzentrums (Kirchdorf/Krems), immer wird das Vorhandene uminterpretiert, substantiell bewahrt und neu erschlossen. Eine Kirche (Steyr-Resthof) kann einen Un-Ort in ein spirituelles Kraftfeld mit 'sichernden, aber offenen Grenzen' verwandeln, das sogar Festgeschriebenem, in sich Begrenztem, neue Möglichkeitsformen kontemplativer Erfahrung eröffnet.

Für die Architektur von Peter Riepl und Gabriele Riepl erscheint die Beziehung zur klassischen Moderne eine thematisch immanente, ohne sie eklektisch zu replizieren. Sie ist keine postmoderne Bildbeziehung oder gar Bildreproduktion. Zitate gibt es nicht, jedes Problem wird, im Bewußtsein des Gegebenen, neu durchdacht. Die Sensibilität für Farben, Oberflächen (Botschaften des Materials) entfaltet sich nicht allein als sinnliches Ereignis, sondern bleibt Bestandteil eines gedanklichen Konzepts, durchaus in einem Semper´schen Sinne. Botschaften, wie strukturelle oder konstruktive Wahrheiten, werden nicht verkündet, es gibt keine 'konstruktiven Events', man will die 'Aufmerksamkeit nicht materiell belasten', wie sich die Architekten selbst ausdrücken. Das Thema Raum wird 'vor Ort' abgehandelt, man spricht gerne von 'Sequenzen' und 'Ambivalenzen'. Der Raum ist das eigentliche Thema der Architektur. Er bricht die Volumen auf, schafft Beziehungen, bedient die Dialektik von Außen und Innen. So wird ein Stellwerk Teil einer technischen Struktur und Objekt, das durch Distanzierung diese sichtbar macht.

Die Architektur von Riepl Riepl hat einerseits den Positivismus der Moderne abgelegt, andererseits urgiert sie ihren Wirklichkeits- und Möglichkeitssinn. Sie glaubt daran, dass sie imstande ist eine bessere Welt zu schaffen, tappt aber nicht in die Falle ideologischer Rezepte. Damit hat sie auch keinen naiven Verkündigungsanspruch, meidet das Pathos von Manifesten, ja kann sich eine gewisse Gelassenheit, ja Heiterkeit leisten. Die intellektuelle Anstrengung - über die Knochenarbeit des täglichen Architekturgeschäfts kann man ja schweigen - drückt sich nicht in messianischem Eifer, nicht im Durchhalten von autistischen Regelwerken oder in Parolen und Schlagworten aus, sondern eben in feinen Wahrnehmungen, in grenzüberschreitenden 'Sinngebungen', ja vielleicht sogar in oszillierenden Bedeutungen; eine künstlerische Anstrengung, die es sich leisten kann, sogar eine gewisse Ratlosigkeit gegenüber der unerschöpflichen Wirklichkeit einzugestehen.

Die Architektur kann den Anspruch auf eine künstlerische Autonomie nur dann erheben, wenn sie sich ganz auf die sie in Frage stellenden Elemente einlässt. Im Werk von Riepl Riepl ist dieses Bewußtsein überall präsent. Nicht nur das, ihre Architektur weist über sich hinaus, klinkt sich ein in das kulturelle Bewußtsein der Zeit und bleibt für 'viele Kulturen' offen.

BEYOND THE VISIBLE

On the architecture of Riepl Riepl Architekten   Friedrich Achleitner

Peter Riepl and Gabriele Riepl belong to that 'intermediate' generation of Austrian architects for whom addressing a conservative cultural environment is no longer central to their activities, although it is a generation that has nevertheless not yet internalised (or externalised?) that service-oriented and market-conform levity of dealing with forms and materials practised by many younger groups. For Riepl Riepl's architecture is still produced with a clear sense of cultural and social responsibility, one that is not entirely detached from the aims, even the ideals, of Classical Modernism. They are equally aware of the traditions of the European cultural context as they are of the problems of building for the future.

One could say that this architecture ostensibly attests to a confident approach using the means available today, a reflection of the current stand of architectural knowledge, itself a priori a signal of 'the present'. However what distinguishes buildings by Riepl Riepl from others is not only a spatial and visual 'form' that has developed directly from the brief, but also an intrinsic affect that contributes to the location. It is an experience, even a pleasure to visit these unique sites. One is enriched, given a gift, motivated to continue thinking in these walk-in thoughts.

If a Modernist trope continues to work in relation to architecture without having become a cliché, then where the architecture not only arises in locations, issuing from them, but also creates these locations. Whether in the treatment of historic substance (Schloss Hagenberg) or on a small 19th century industrial estate, the connection of an early working environment with technology and nature, with water and granite (Bruckmühle), whether in the center (Hinterstoder) or at the periphery of a community (Windischgarsten), the building not only always brings with it a new dimension for life at the location, possibilities for the articulation of cultural life, but also new perceptions of the surroundings, unexpected selected views of the countryside. Whether in the center of a major town (like the OK in Linz) or in association with an existing teaching center (Kirchdorf/Krems), the existing substance is always reinterpreted, substantially preserved and enhanced. A church (Steyr-Resthof) can transform a non-place into a spiritual force field with 'secure but open borders', opening up new opportunities for contemplative experience even for the intransigent and inwardly closed.

For the architecture of Peter Riepl and Gabriele Riepl the relationship to Classical Modernism appears to be a highly topical one, without resorting to eclectic replication, though. It is not a pictorial post-modern relationship or even the reproduction of images. There are no quotations, every problem is thought through afresh in context. The sensitivity to colour, surfaces (what the materials say), develops not only as a sensual occurrence but remains an element of an intellectual concept entirely in Semper's sense. Messages, like structural or construction-specific truths are not featured, there are no 'constructional events', no attempt is made to 'weigh down attention with materials', as the architects themselves phrase it. The subject of 'space' is addressed 'in situ', they like to use terms like 'sequences' and 'ambivalence'. The space is the actual theme of the architecture. It breaks open the volumes, creates relationships and serves the dialectic of outside and inside. In this way a signal box becomes both part of a technical structure and an object that makes this visible by retaining distance.

The architecture of Riepl Riepl has discarded the positivism of Modernism although it expedites the same notion of reality and potential. It believes that it has the capacity to create a better world but does not fall into the trap of ideological recipes. Accordingly, nor does it make any naive claims to herald anything, avoiding the pathos of manifestos. It can afford a certain equanimity, joviality even. The intellectual effort involved – not to mention the hard graft of the everyday business of architecture – is not expressed in terms of messianic fervour, nor in putting up with autistic rules and regulations or in slogans and sound-bytes, but in subtle recognition, in ground-breaking 'interpretations', perhaps even in an oscillating significance; an artistic endeavour that can afford to admit to being at a slight loss in the face of the inexhaustible reality.

The architecture can only then claim artistic autonomy when it deliberately addresses those elements that present a challenge. This awareness is present everywhere in the work of Riepl Riepl. Furthermore, their architecture alludes beyond itself, it latches onto the cultural consciousness of the time and remains open to 'many cultures'.

ORTE, SERIEN, MÖGLICHKEITEN

Gespräch mit Gabriele und Peter Riepl   von Robert Fabach

Die Frage nach dem Wo, der Drang nach Orientierung ist eine der elementaren Fragen zur Architektur. Ihr stellt

sie indirekt an den Beginn eures Werkberichts.

Gabriele Riepl: Der Begriff 'Sites' als Titel des Buches verweist auf Objekte, die Teil eines größeren Feldes sind. Da geht

es um Spannungsfelder und deren Brennpunkte – jenseits von abgezirkelten Solitären.

Peter Riepl: Wie immer ein Wechselspiel. In diesem Fall ein Wechselspiel zwischen Objekt und Kontext. Eine Balance,

die der Mensch sucht und braucht, wie die von öffentlich und privat, Offenheit und Geborgenheit, Distanz und Nähe...

Ist dieser Ort eine Bühne?

Gabriele Riepl: Diese Metapher ist insofern sympathisch und zutreffend, da sie Architektur aus einer rein ästhetischen

Verhandlung befreit und die Menschen maßgeblich mit ins Spiel bringt. Wir sehen unsere Arbeit auch darin, Möglich-

keiten zur Interaktion zu schaffen. Architektur kann Urbanität stimulieren und ist in diesem Sinn ein wertvolles Lebens-

mittel, das für jede Gesellschaft unverzichtbar ist.

Peter Riepl: Der Ort beeinflusst ganz wesentlich unsere Arbeit. Der Entwurf ist zumeist bereits darin angelegt. Wir

versuchen, verborgene Potentiale aufzuspüren und das Konzept daran weiter zu entwickeln, zu präzisieren und zu

verorten. Das können Blickbeziehungen sein, die Schlüsselstellen im Gefüge akzentuieren. Sie werden zu Akteuren, die

eine – dem Ort eingeschriebene – Choreographie tragen. Insofern ist der Ort sowohl Bühne als auch Inspirationsquelle

für uns, obwohl Inspiration schon zu sehr nach deutscher Romantik klingt.

Deutsche Romantik. Kein Begriff, der in euer Denken passt?

Gabriele Riepl: Ich täte mir schwer damit.

Peter Riepl: Grundsätzlich tun wir uns beide schwer damit. Das hat jetzt nichts mit Nüchternheit zu tun. Das hat eher mit der Ausschließlichkeit und auch mit der Totalität einer romantischen Idee zu tun. Was uns interessiert, ist jeweils das Gegenteil mit einzubauen. Das Entstehen von Spannungsfeldern, das zu einer bestimmten These auch die Antithese leben lässt. Differenzieren schon, aber nicht ausdifferenzieren. Aus der Ambivalenz heraus, etwas changieren lassen. Das ist auf jeden Fall interessanter als die süße Romantik.

In eurem ersten größeren Projekt, dem Umbau des Schlosses Hagenberg, findet sich ein sehr expliziter, ein sehr detaillierter Umgang mit der Substanz und ihrer Geschichte, die die angesprochene Vielschichtigkeit des Ortes nach einem komplexen Konzept aufgearbeitet hat.

Gabriele Riepl: Wir haben dort gemeinsam mit unserem damaligen Partner Thomas Moser versucht, aus dem historischen Dickicht kohärente Fragmente herauszulösen, um ihnen künftig mehr Luft zu lassen. Latente Typologien und Ordnungen wurden dadurch erkennbar. In Verbindung mit aktuellen Ergänzungen entstand eine besondere architektonische Montage. Das erforderte eine genaue Beobachtung und Analyse des Bestandes und ein hohes Maß an Sorgfalt in der Bearbeitung der Schnittstellen und Ränder.

Dieses Projekt wurde 1986 bis 1989 realisiert. Ihr habt einmal erwähnt, dass die Postmoderne ein sehr schwieriger Begriff sei und oft verkürzt dargestellt wird. Hat ihr Diskurs für euch einen besonderen Zugang zum Ort gebracht, war er ein Ausgangspunkt für eure spätere Arbeit?

Peter Riepl: Schwierig deshalb, da der Begriff im architektonischen Diskurs sehr besetzt ist und meist unscharf verwendet wird. 'Die architektonische Postmoderne' war ja nur die populäre Spitze verschiedener Denkbewegungen, die durchaus miteinander verwoben waren. Eine auch für uns wichtige Wurzel dahinter war der Strukturalismus der 60er und 70er Jahre und vor allem der stark topologische Ansatz, der den Ort als komplexe Realität ins Spiel brachte, wie es beispielsweise dann von Aldo Rossi und der Schweizer Tendenza praktiziert wurde. Das scheinbar Nebensächliche, das Anonyme wurde damals zur Instanz, erhielt Gewicht. Was uns daran interessierte, war, dass es da plötzlich viel differentere Zusammenhänge gab, dass alles viel optionaler, somit chancenreicher und viel weniger linear zu sehen war. Insofern ist das mit der Postmoderne ein kultureller Gewinn.

Ihr habt in den 70er Jahren an der Innsbrucker Universität mit Architekten wie Helmut Reitter, Georg Pendl, Rainer Köberl, Reinhardt Honold oder eurem späteren Partner Thomas Moser in einem Zeichensaal gearbeitet. Was ist davon geblieben?

Peter Riepl: Die gemeinsamen Arbeitsräume zeichneten sich durch ein breit engagiertes, geistiges Klima aus, das in den 70er Jahren von einem starken 'elan vital' getragen wurde. Impulse anderer Art, aber von großem Einfluss für die Entwicklung unserer Vorstellungen kamen von Othmar Barth, der zu dieser Zeit als Professor an die Schule berufen wurde.

Das Bestehende, das Historische wurde neu verhandelt. Es kam zur Wiederentdeckung der Stadt, verbunden mit dem Wunsch, umfassend in die gesellschaftliche Realität einzugreifen. Das hat sich über die Jahre natürlich entspannt. Geblieben ist bis heute die Aufmerksamkeit für die gesellschaftliche Relevanz der eigenen Arbeit.

Sehr befreiend war, dass die Rigidität der Moderne aufgebrochen worden ist. Das lineare Denken in zwangsläufigen Folgen führt rasch zu einer schwarz-weißen Welt, die in Gut und Böse zerfällt. Ihr System der forcierten Ausdifferenzierung verfestigt starre Hierarchien, obwohl gegenteilige Ziele postuliert werden.

Wir arbeiten heute in einem System von Relationen, aus denen heraus sich Räumlichkeit entwickelt. Raum nicht im konventionellen Sinn als Gefäß gedacht, sondern als Konstellation, als Balance von Stimmungen, Determination und Offenheit. Dieser Raum ist offen, lässt Optionen zu und enthält Denk- und Nutzungsmöglichkeiten. Den Bauherrn wollen wir daher bei seiner Neugier unterstützen und ihn an die Möglichkeiten seines Bauwerks heranführen.

Wie kann man sich die Entwurfsarbeit in diesem weit gefassten Bezugssystem konkret vorstellen?

Peter Riepl: Entwurf ist für uns kein einmaliger Schöpfungsakt. Es ist eine längere, durchgängige Auseinandersetzung mit Ort, Geschichte(n), Programmen und den Möglichkeiten der Menschen. Kein formalisierter, analytischer Prozess, sondern ein spielerischer Wechsel von Beobachtung und Reaktion.

Gabriele Riepl: So entsteht eigentlich ausgehend von einer Anfangsthese ein fortlaufender und vielschichtiger Präzisierungsprozess. Eine Präzisierung des Zusammenspiels von Material, Form, Licht, Farbe, Konnotationen und Konstruktion. All diese Dinge interessieren uns in ihrer unmittelbaren Gesamtwirkung und in dem, was sie an Raumstimmung, an Atmosphäre erzeugen. Daraus ergibt sich eine suggestive Kraft des Raumes. Raum, der nicht einfach nur Bühne oder Hintergrund ist, sondern auch feine Stimulation. In dieser vitalisierenden Wirkung hat er dadurch auch eine gewisse Funktionalität.

Eine stimulierende Kraft lässt sich bei euren Arbeiten immer wieder durch den ausgesuchten Einsatz von Farbe erleben. Die beiden Veranstaltungssäle in Windischgarsten oder Pregarten berühren fast körperlich durch jeweils sehr spezifische Rottöne.

Gabriele Riepl: Wir wollen auch Farben – obwohl sie faktisch substanzlos sind – zu eigenständiger Präsenz verhelfen. Die Farbgebung findet von Beginn an in einem Parallelprozess zur Planung statt, ein Stimmen, ein Moderieren von Substanz und Licht. Moderation bedeutet ja nicht Neues oder Endgültiges zu schaffen, sondern Vorhandenes durch gezielte Impulse zur Geltung zu bringen. Das ist immer verbunden mit dem Versuch, dem Kulinarischen zu entgehen und eine Finalisierung zu vermeiden. Eine Weiterentwicklung muss möglich sein.

Ihr arbeitet zur Zeit in einem Team von über 20 Mitarbeitern, viele davon Architekten. Wie geht es ihnen mit dieser Arbeitsweise?

Gabriele Riepl: Sie wachsen hinein. Wir arbeiten in relativ unhierarchischen Projektteams. Durch intensiven und kontinuierlichen Austausch mit den Mitarbeitern sind wir selbst immer mit dabei. Wir wollen die Projekte im Laufe der Bearbeitung nicht 'verlieren'. Bei kleineren Projekten halten wir auch die Bauleitung im Büro. Das ist effizienter und dient vor allem jungen Architekten zur argumentativen Kräftigung.

Ihr kooperiert auch regelmäßig mit Landschaftsplanern und Künstlern. Beim OK in Linz, aber auch bei der Kirche in Steyr fällt die frühe, ganz selbstverständliche Einbindung von Kunstprojekten auf.

Peter Riepl: Die Strategien der künstlerischen Installation stehen uns gedanklich sehr nahe. Wir schätzen den Dialog ebenso sehr wie das Ergebnis. Ein wechselseitiges verschränktes Arbeiten, das a priori keine Grenzen kennt. Uneingeschränkte Offenheit ist eine notwendige Voraussetzung für Kunst. Wir hüten uns davor, mögliche Ergebnisse vorzudenken. Der Einklang entsteht meist von selbst. Liam Gillick hat beispielsweise in Kirchdorf mit seinen Textzeilen Räume aufgebrochen, um sie anderswo auf überraschende Weise wieder miteinander zu verknüpften. Was wir mit architektonischen Mitteln versucht haben, passiert gleichermaßen in den Gedanken des gewählten Textes von Pierre Bourdieu.

Wir erleben heute allgemein eine sehr hohe visuelle Lautstärke. Versucht ihr dem bewusst etwas entgegenzusetzen? Euer Umgang mit der Ressource Aufmerksamkeit scheint da eine entscheidende Rolle zu spielen.

Peter Riepl: Für uns stellt sich die Frage, ob man in dieser Situation weiter anfeuern soll. Auch glauben wir grundsätzlich, dass drängende Präsenz um jeden Preis letztlich einen Verlust an Ausdrucksmöglichkeiten bedeutet. Zwischentöne gehen verloren. Distanz hingegen schafft Raum und Entlastung. Die ambivalente Spannung zwischen Distanz und Nähe wirkt vitalisierend. Impulse halten lebendig. Es ist kontraproduktiv, alles verbindlich festzusetzen. Durch Mehrdeutigkeit und Offenheit ergibt sich für den Nutzer ein weites Spektrum an Optionen. Außerdem bleibt seine Autonomie gewahrt.

Ich denke dabei an den von euch verwendeten Begriff der Beiläufigkeit. In Projekten wie der Hösshalle in Hinterstoder oder der Stadthalle Kirchdorf habt ihr Axialität gezielt vermieden.

Peter Riepl: Ganz bewusst. Es ist gerade heutzutage besonders wichtig, damit bewusst und sorgsam umzugehen. Axiale Ordnungen erschienen uns in diesen Fällen zu dominant. Feste Hierarchien sind das Gegenteil von dem, was wir suchen. Uns interessiert die Balance von Gegensätzen. Wir sehen in ihnen eine unverzichtbare Voraussetzung für Lebendigkeit.

Wie bewahrt ihr diese Offenheit in der Arbeit?

Peter Riepl: Ich glaube, dass es eine grundsätzliche Haltungsfrage ist. Entweder man fixiert – oberlehrerhaft – alles, oder man geht freier und respektvoller damit um, wie man mit Kindern oder anderen Menschen umgehen sollte. Man ist entweder bestimmend oder man gibt Anregungen und setzt derart ein meist produktives Wechselspiel in Gang.

Gabriele Riepl: Dazu kommt auch ein Rest von Verspieltheit, ein Gefallen am Freiraum, am Überraschenden. Das hat aber nichts mit Ernst oder Unernst zu tun, das ist immer ein Thema.

Peter Riepl: Wir schließen nur Weniges kategorisch aus. Unsere Vorliebe für das Lapidare beschränkt sich auf die Wahl der Mittel und Techniken und betrifft nicht das inhaltliche Programm. Durchgängiger Minimalismus ist uns suspekt. Seine Ausschließlichkeit und Totalität irritiert. Es entsteht oftmals eine Ehrfurcht gebietende Ästhetik, die den Alltag unbewältigt zurücklässt.

Gabriele Riepl: In diesem Fall bleibt etwas ausgespart, was für uns wichtig ist. Architektur kann nur wenig unmittelbar bewirken, aber sie kann Voraussetzungen verbessern. Die räumlichen Bedingungen sind maßgeblich für unser Verhältnis zur Umwelt und auch für unsere zwischenmenschlichen Beziehungen. Atmosphäre ist ein wesentliches Instrument. Wir arbeiten daran, Mischungen zu finden, die stimulierend und hintergründig gleichermaßen sind. Wir wollen damit Spielerisches in Gang setzen.

Peter Riepl: Spiel ist eine irrsinnig gute Metapher für eine nach-moderne Welt. Wenn wir vorhin von Folgerichtigkeit, von Zwangsläufigkeit gesprochen haben und dass sich dieses unerbittliche Regime in allen Disziplinen inklusive Physik und Mathematik gelockert hat und sich auf einmal ein viel leichteres Dasein entfaltet, dann ist Spiel ein gültiger Begriff.

Das Leben ist ein Spiel, wenn auch manchmal ein sehr ernstes. Das, was heute an menschlichem Potential existiert, das, was den Menschen gegenüber Maschinen auszeichnet, ist seine Spielfähigkeit. Und dass er im Spielen sich selbst moderiert.

Das Spielerische führt mich zu einem weiteren Phänomen: der Serie. Instinktiv macht man sich angesichts der Fassaden der FH Eisenstadt oder der Bahnhofcity Wels auf die Suche nach Regelmäßigkeiten. Ohne Erfolg.

Gabriele Riepl: Richtig. Es sind freie Serien im Sinne rhythmischer Ausdrucksmöglichkeiten. Zum einen gibt es eine Abneigung gegen Symmetrien, andererseits eine Vorsicht im Umgang mit der symbolbeladenen Zahl Drei. Entspannter wird's erst ab Vier. Ab hier entsteht die Serie. Mit ihr kann man in Wirklichkeit auch viel freier umgehen als mit einem strengen Raster. Man kann problemloser auf unterschiedliche Bedürfnisse reagieren.

Sind diese Systeme mehr gestalterische Kompositionen oder die Variation von funktionellen Elementen?

Peter Riepl: Regelmäßigkeiten sind nicht selten die Folge von Vereinfachungen. Diese widersprechen den komplexen Anforderungen, die in der Regel bestehen. Wir versuchen, elastischere Systeme zu entwickeln, die den vielfältigen Bedingungen angepasst entsprechen können und Differenzierungen ermöglichen. Wir vermeiden aber, das zu zelebrieren oder betont zur Schau zu stellen. Eine voll zur Entfaltung gekommene Blüte bedeutet immer auch ein Ende. Wir bevorzugen, den frischen Frühling mit seinen Andeutungen. Die Fassade ist mehr als nur der äußere Schein, den es mit ästhetischem Anstand zu wahren gilt. Sie ist Schnittstelle, die innen und außen scharf voneinander trennt oder in wechselnder und in fein nuancierter Weise miteinander verbinden kann. Grenzen sollen einerseits unterschiedliche Identitäten sichern, andererseits auch Kommunikation in Gang setzen. In der Entwicklung intelligenter Schnittstellen steckt ein wesentliches Potential von Architektur.

Gabriele Riepl: Es geht um die Entwicklung oder besser Weiterentwicklung von Raum, der durch Grenzen und Relationen definiert wird, wobei wir es nicht interessant finden, kategorisch zwischen einer Wand und einem Fenster zu differenzieren. Fenster und Wand sind eigentlich sehr konträre Elemente, die Mischung ist eigentlich das Interessante.

Wie seht ihr eure fertig gestellten Projekte im Gebrauch?

Gabriele Riepl: Es gibt auch bei uns natürlich immer neue unterschiedliche Erfahrungen. Mir ist aber selten vorgekommen, dass unsere Räume durch die Benutzung leiden. Einrichtung oder Dekoration sind auswechselbar. Die tun einem Raum nicht wirklich weh.

Peter Riepl: Und sie sind auch immer ein Teil der darin lebenden Leute, man beobachtet ja immer mit Sympathie und Staunen wie Menschen sich kleiden und mit welchen Dingen sie sich umgeben. Das ist deren Angelegenheit und die Möblierung ist ja nur eine weitere Hülle ihres Körpers. Aber es geht um den praktischen Umgang mit der Substanz und darum daraus Atmosphären weiterzuentwickeln, die authentisch sind. Das kann auch mal kitschig sein. Es gibt auch extrem charmanten Kitsch. Wenn das jemand mit Herz auch lebt, ok.

Euer Konzept von Offenheit und eure 'Grammatik der Koexistenz' führen ja direkt zum Urbanen. Welche Rolle spielt die Idee der Stadt und wie vereint ihr das mit eurem Standort Linz?

Gabriele Riepl: Linz befindet sich in einem kulturellen Aufholprozess. Das macht es interessant, da viel im Wachsen und Entstehen ist. Andererseits gibt es zahlreiche soziale und kulturelle Spuren des Provinziellen. Eine protourbane Gesellschaft, ein Schwebezustand. Man lebt in der Stadt und am Land gleichzeitig. Eine Qualität, die kleinere Städte haben können, und die in Linz besonders ausgeprägt ist. Die Natur ist eigentlich sehr präsent in der Stadt, die Donau reicht ja unmittelbar ans Zentrum. Das ist uns sympathisch.

Peter Riepl: Wenn in kleineren Städten Eindeutigkeit herrscht, dann bleibt dir die Luft weg. Großstädte können diese Determiniertheit gar nicht haben, weil sie zwangsläufig vielschichtig sind. In Linz gibt es diese Melange von Landschaft und Stadt, von Industrie und Historie, ein Patchwork von unterschiedlichsten Quartieren. Tatsache ist, dass Linz nie so dominante Prägungen erlebt hat, nicht einmal von der Industrie. Linz ist Industriestadt und gleichzeitig überhaupt keine, wenn man angelsächsische oder deutsche Industriestädte kennt. Dieses Wechselspiel, diese unbestimmte Offenheit, diese Unentschiedenheit ist etwas, das uns auch in der Arbeit interessiert.

Wäre eine andere Stadt als Linz für euch als Standort vorstellbar?

Gabriele Riepl: Es ist niemand von uns so wirklich mit dem Boden hier verwurzelt. Man wird mit der Zeit sesshafter, aber man hält sich ja auch immer wieder in anderen Städten auf. Es wären aber viele andere Städte vorstellbar. Linz ist ein Teil des Spiels, man ist in irgendeiner Stadt und Linz ist jetzt eine gute Möglichkeit.

SITES, SERIES, POTENTIALS

A discussion with Gabriele Riepl and Peter Riepl   by Robert Fabach

The question of 'where', the drive for orientation is one of the most fundamental questions in architecture. You ask it indirectly at the start of your portfolio.

Gabriele Riepl: The term 'Sites' used as the title of the book points to objects which belong to a larger domain. Here we are dealing with areas of conflict and their focuses beyond precisely measured solitaries.

Peter Riepl: As usual there's an interplay – in this case an interplay between object and context. A balance which a person needs and seeks, like that between public and private, exposure and security, distance and closeness…

Is this site a stage?

Gabriele Riepl: This metaphor is congenial and apt in the sense that it frees architecture from a dominant aesthetic negotiation and brings people into play as integral actors. We also view our work as increasing the means of social interaction. Architecture can stimulate vital urbanity and is in this sense a valuable victual, essential in civilised societies.

Peter Riepl: The site also considerably influences our work. Therein the design has already been laid out. We attempt to track down hidden potential and to develop, define and locate the concept. These can be particular visual relationships which accent key positions in the overall structure. Among other things they then form the 'driving powers' which sustain a latent choreography inscribed in the place. In this respect the place is both our stage and source of inspiration, although the latter term points in the right direction, but I don't like it as much. It sounds a little bit too much like German romanticism.

German romanticism. Not a term that fits in with your way of thinking?

Gabriele Riepl: I have some difficulties with that.

Peter Riepl: Essentially we both have difficulties with that concept. That has nothing to do with sobriety but rather with the exclusivity and totality of the romantic idea. What interests us, respectively, is building upon opposites, the creation of fields of tension that allow a certain thesis along with its antithesis to develop. Differentiate, yes, but not preclude. We should allow for variations to develop from this ambivalence. That is, in any case, more interesting than sweet romanticism.

Your first big project, the reconstruction of Schloss Hagenberg, involved a very explicit, highly-detailed handling of the substance and its history, which worked out the addressed complexity of the location according to an intricate concept.

Gabriele Riepl: Together with our partner back then, Thomas Moser, we attempted to shake out coherent fragments from the historical thicket so as to give them more air in the future. Latent typologies and arrangements were thus made recognisable. In connection with current extensions, we achieved a novel and easy architectural creation. This required a careful observance and analysis of the building and a high measure of discipline in the processing of the cut surfaces and edges.

This project was completed between 1986 and 1989. You once mentioned that post-modernism was a very complex term that was often used too curtly. Did this discourse lead you to a specific gateway to the site; was it a starting point for your later work?

Peter Riepl: Complex because the term is used without sufficient application and arbitrarily in equal measure in architectural discourse. 'Architectural post-modernism' was in any case just the popular tip of different philosophical movements which were entwined. For us another important root behind it was the structuralism of the sixties and seventies and above all the strong, topological approach which brought the site into play as a complex reality, as practised, for example, by Aldo Rossi and Tendenza of Switzerland. Matters that appeared trivial and anonymous became substantial and acquired weight. What interested us here was that there were suddenly a variety of different contexts, that everything was seen as much more optional and thus more promising and less straightforward. In this respect, this sense of post-modernism is a cultural asset.

You worked at Innsbruck University with the architects Helmut Reitter, Georg Pendl, Rainer Köberl, Reinhardt Honold and your future partner Thomas Moser in a drawing studio in the seventies. What remains of this time?

Peter Riepl: The shared workrooms were marked by a highly dedicated and intellectual atmosphere, which was borne by a strong 'élan vital'. Impulses of another type, but of a great influence on the development of our ideas came from Othmar Barth, who had been appointed to the university at this time.

The existing and the historical were negotiated anew. There was a rediscovery of the city, connected with the desire to draw fully upon social realities. Naturally this took place over time. What has remained until today is the regard for the social relevance of our own work.

It was very liberating to break up the rigidity of Modernism. Linear thinking leads inevitably and quickly to a black and white world which collapses into good and evil. Its system of forced differentiation reinforces stark hierarchies, although converse aims can be postulated.

Today we work in a system of relationships out of which space develops. Space not thought of in the conventional sense as a container, but as a constellation, as a balance of moods, determination and openness. This space is open, permits choices and contains great potential in terms of ideas and use. We thus want to support the client in his curiosity and to bring him closer to the potential of his construction.

How can you clearly define design work within this broadly based framework?

Peter Riepl: For us design is not a singular act of creation. It is a long, continuous examination of site, hi(story), schemes and the possibilities of the people. Not a formal, analytical process, rather a playful interchange between observation and reaction.

Gabriele Riepl: Thus, from an initial idea, a continuous, multi-layer process of specification is created. A specification of material, form, light, colour, connotation and construction. All these things interest us in their immediate overall effect and because of what they create in terms of room mood and ambiance. This yields a suggestive power of space. Space which is not just simply the stage or the background but also delicate stimulation. In this vitalising effect it also has a certain functionality.

A stimulating power manifests itself in your work again and again through the very selective employment of colours. The two event rooms in Windischgarsten and Pregarten almost touch you physically with their respective highly specific red tones.

Gabriele Riepl: We want to give colours – although they are virtually insubstantial – their own presence. From the start colouring takes place in a process parallel to planning, a determination and moderation of substance and light. Moderation doesn't actually mean creating something new or final, but accentuating what is already there using select-ive impulses. This is always connected with the attempt to evade the pleasurable and avoid a finalisation. Further development needs to be possible.

Currently you work in a team of over 20 employees, many of whom are architects. How are they coping?

Gabriele Riepl: They grow into it. We work in relatively non-hierarchical project teams. Through intensive and contin-uous exchange with the employees we are always up on what's going on. We don't want to 'lose' projects during the course of their development. We also keep the construction management in the office during smaller projects, which is more efficient and assists young architects in justifying their ideas.

You also regularly work together with landscape architects and artists. At the OK in Linz and also with the church in Steyr, the early, completely self-evident involvement of art projects can be seen.

Peter Riepl: The strategies of artistic installations are conceptually very close to us. We are just as fond of the dialogue as we are of the result. Reciprocal, entwined work which a priori doesn't have any limits. Unrestrained openness is a necessary prerequisite of art. We are wary of preconceiving possible results. The unison is mostly created by itself. In Kirchdorf, for instance, Liam Gillick, with his lines of writing, broke apart spaces only to have them surprisingly connect somewhere else. What we attempted to do using architectural means matches the thoughts of Pierre Bourdieu in the chosen text.

Nowadays we experience a high degree of visual volume in general. Are you consciously attempting to counter this? Your handling of attention as a resource seems to me to play a key role.

Peter Riepl: For us it is a question of whether, in this situation, you should step on the gas – or not. In addition we also basically believe that having an urging presence at any price means sacrificing expressive potential. Nuances are lost. Distance, in contrast, creates space and relief. The ambivalent tension between distance and closeness has a vitalis-ing effect. Impulses animate. Firmly laying everything down is counterproductive. Ambivalence and openness create a broad spectrum of choices for the user while their autonomy stays secure.

This makes me think of the term you use: 'casualness'. In projects like the Hösshalle Hinterstoder and the Stadthalle Kirchdorf, did you specifically try to avoid axiality?

Peter Riepl: Quite deliberately. Nowadays it is especially important to deal with these things consciously and carefully. Axial orders appear too dominant in such cases. Fixed hierarchies are the opposite of what we are looking for. We are interested in the balance of contradictions. We see in them an essential pre-requirement for vitality.

How do you retain this openness at work?

Peter Riepl: I think that it is a fundamental question of attitude. Either you lay down everything – like a 'Oberlehrer' – or you deal with things more freely and with more respect, like how you should deal with children or other people. You can either be determinative or you give impulses and thereby initiate productive interaction.

Gabriele Riepl: In addition there is a residue of playfulness, an appreciation of a free space, of the surprising. It doesn't have anything to do with being serious or not. It is always an issue.

Peter Riepl: We only rule out very few things strictly. Our fondness for the lapidary is confined to the choice of the means and the methods, and does not affect the contentual scheme. We are suspicious of general minimalism. Its exclusivity and totality is jarring. Often an awesome aesthetic is created which irresolvably leaves the everyday behind.

Gabriele Riepl: In this case something remains hollow, something we find important. Architecture's power to have an immediate effect is limited but it can improve conditions. The spatial circumstances are decisive when it comes to our relationship to the environment and also for relationships between people. Atmosphere is an important instrument. We are working on finding blends that are stimulating and possess a profound similarity. We thereby want to set off a certain playfulness.

Peter Riepl: Playing a game is an exceptionally good metaphor for a post-modern world. When we previously spoke about consistence and inevitability, and that these concepts have slackened the grip of obdurate regimes in every discipline including Physics and Mathematics, and that all at once a much easier existence has unfolded, then game is an appropriate term. Life is a game even if sometimes a very serious one. Nowadays the nature of human potential, what separates one person from another is our ability to play. And the fact that we referee ourselves during the game.

Playfulness brings me to another phenomenon: the series. Confronted with the facades of the Fachhochschule Eisenstadt or the Bahnhofcity Wels, you instinctively look for regularities. Without success.

Gabriele Riepl: That's right. There are free series in the sense of rhythmic expressive potential. On the one hand there is an aversion to symmetries; on the other hand care has been taken in the employment of the heavily symbolic number three. It becomes more relaxed from four onwards. From here the series is created. With it you can in essence deal with things more freely than with a strict pattern. You can react to different requirements without difficulty.

Are these systems artistic compositions or variations of functional elements?

Peter Riepl: Regularities are rarely not the consequence of simplifications. They contradict the complex demands which normally exist. We try to develop more elastic systems which can appropriately relate to the complex conditions and allow differentiation. We avoid celebrating or emphatically exhibiting this, however. A blossom that has fully unfolded also always results in an end. We prefer the freshness of spring and its impulses. The facade is more than its outer appearance as it is essential to preserve it with aesthetic integrity. It is an interface which starkly divides inside and out or can bring them together in a changing and finely nuanced way. Borders should secure differing identities on the one hand and also instigate communication on the other. A significant part of the potential of architecture lies in the development of intelligent interfaces.

Gabriele Riepl: It's about the development or continued development of space which is defined by borders and relationships, whereby we don't find it interesting to differentiate categorically between a wall and a window. Window and wall are actually very contrary elements. The mix is what is interesting.

How do you see your finished projects when they are in use?

Gabriele Riepl: Of course we always have new and different experiences. But it's very rare that I've felt that our rooms have suffered through their use. Furnishings or decorations are interchangeable. They don't really harm a room.

Peter Riepl: And they are also always a part of the people who live there. We all observe with sympathy and surprise how people dress and the things they surround themselves with. That is their business, and their choice of furniture is just another covering for the body. But it depends on the practical handling of the substance, and from it develop atmospheres which are authentic. This can sometimes be kitschy. But some kitsch can be extremely charming. If someone puts their heart into it, why not?

Your concept of openness and your 'grammar of coexistence' lead us directly to urbanity. What role does the idea of the city play and how do you connect this with your location in Linz?

Gabriele Riepl: Linz is finding itself in a cultural catch-up process. Which makes things interesting as there is a great deal of growth and development. On the other hand there are many social and cultural traces of provinciality. A proto-urban society, an abeyance. You live in the city and in the country at the same time. A quality which smaller cities can have and which is particularly evident in Linz. The countryside holds a clear presence in the city; the Danube reaches right into the center. We like this.

Peter Riepl: If decidedness dominates in smaller cities it can be stifling. Large cities can't have this determination at all as they are consistently more complex. In Linz there is a mixture of landscape and city, of industry and history; a patch-work of starkly differing quarters. The fact is Linz has never been marked by any powerful cultural imprint, not even from industry. Linz is an industrial city and at the same time it isn't one at all – if you've seen Anglo-Saxon or German industrial cities... This interplay, this indeterminate openness, this indecisiveness is something that interests us also in terms of our work.

Could you imagine locating to a different city other than Linz?

Gabriele Riepl: None of us have too deep roots here. Over time we all become more settled, but you do keep on spending time in different cities. Many other cities would be possible. Linz is part of the game; everyone is in a city somewhere and Linz is a good opportunity right now.

SCHULZENTRUM | SCHOOL CENTER

SANIERUNG / ERWEITERUNG | REFURBISHMENT / EXTENSION

KIRCHDORF / KREMS / A

© Amt der OÖ Landesregierung

alsoneoähliberalismusdukennstschondiesortediedenkommerzfördert
ähnajaduweisstschonstärktwährenddieehschonwissenalsodiemacht
derautonomiegeschwächtwird

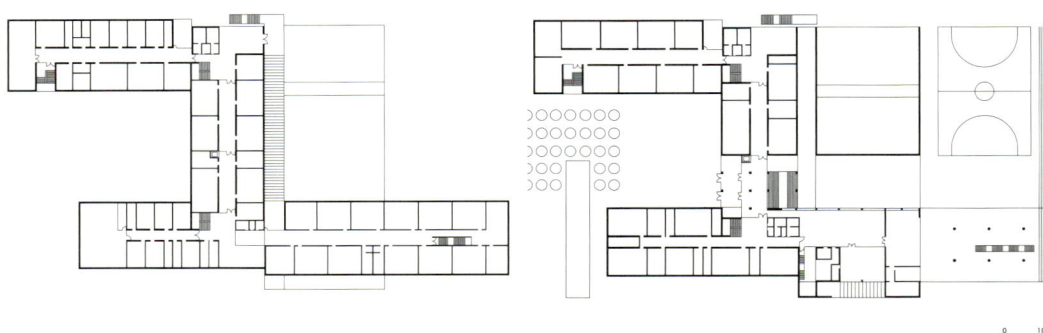

Der englische Künstler Liam Gillick wählte ein Textfragment des französischen Soziologen Pierre Bourdieu und implantierte es als Schriftzug in deutscher und englischer Sprache im Gebäude. Wie in einer Prüfungsantwort durch eine zögernd gesprochene Sprache verfremdet, erscheint es von seiner intellektuellen Autorität befreit und gerät ohne Interpunktion und Leerzeichen zur sublimen Botschaft. 'I wanted to introduce an element of complication' meinte er dazu und reagierte damit auf die inhärenten Widersprüchlichkeiten einer zentralisierten Bildungsmaschine im kleinstädtischen Hinterland einer österreichischen Industrieregion. Die Architekten gingen hier weitaus versöhnlicher vor und nahmen die Aufgabe – eine grundlegende Sanierung, Restrukturierung und Erweiterung um ein Drittel der Nutzfläche – zum Anlass, das Stereotype des Bestands aus den 70er Jahren zu verorten. Sie gaben dem Stückwerk Charakter und eine durchgängige Form und organisierten die einzelnen Schultypen in identifizierbare Gebäudeteile. Dabei waren sie sich des Befremdens wohl bewusst, das ein Gebäudekomplex mit 56 Klassen und Sonderunterrichtsräumen am äußersten Ortsrand einer 4.000-Einwohner Gemeinde provozieren kann. Entsprechend wählten sie mit Glas und grauen Faserzementplatten ein bewusst zurückhaltendes 'Alltagskleid' für die Fassade, das aber einer stillen Eleganz nicht entbehrt.
Die Verlängerung eines Klassentrakts zur Straße orientierte den Eingang gezielter zum Ortszentrum und gab dem von Anna Detzlhofer elysisch gestimmten Vorplatz eine entsprechende Fassung. Ein Birkenhain und ein Flugdach – Unterstand für

Fahrräder und Wartende – bilden als Schutz und Tor den Auftakt für eine sanft fallende Raumfolge quer durch das Gebäude. Unter einen Klassentrakt hindurch taucht man in eine großzügige Aula, die in den Bestand eingeschnitten wurde, um über breite Treppen die Dimension des großen Ganzen erlebbar zu machen. Hier wurden wie an einem Dorfplatz Kantine, Aufenthaltsräume und über eine Galerie eine Bibliothek angelagert. Vorbei am Verbindungsgang zur neuen Dreifachturnhalle, an Turnsälen und einem Speisesaal folgt schließlich der Ausblick und Austritt ins Freie. Sportflächen werden flankiert durch einen neu angefügten, weit auskragenden Klassenflügel – Unterstand für verregnete Pausen und kraftvolle Geste zur sachlichen Schwere der benachbarten Geschosswohnbauten.
Im Inneren wurde neben funktionellen und pragmatischen Sanierungsschritten mit einem klaren Farbkonzept eine effektive Aufwertung geschaffen. Der farbige Kunstharzfließbelag des Aulabodens kontrastiert als rühriges Bewegungsfeld mit den anthrazitgrauen Wand- und Deckenflächen. Mit seinem kräftigen Gelb reflektiert er das Tageslicht tief in den Raum. Alle Aufmerksamkeit scheint hier auf die Wegflächen gerichtet. Diese Dynamik reduziert sich in den Gängen zu den Klassenräumen durch eine Farbverschiebung zu einem Rot auf den Böden und Wänden in hellem Grau. In den Klassen selbst kehrt sie sich um und kommt mit strahlend weißen Wänden und grauen Böden subtil zum Stillstand.

Wettbewerb | Competition
1999 1. Preis
Kunst | Art
Liam Gillick
Media Project
ars electronica center | Futurelab
Landschaftsarchitektur | Landscaping
Anna Detzlhofer
Ausführung | Realisation
09. 2001 – 02. 2003
Auszeichnung | Award
2003 Bauherrenpreis der ZVÖ
2003 Architekturpreis österr.
Zementindustrie
2004 Bauwerk des Jahres in OÖ
Bauherr | Client
BIG Bundesimmobililenges. mbH
Baukosten | Building Costs
€ 11,5 Mio

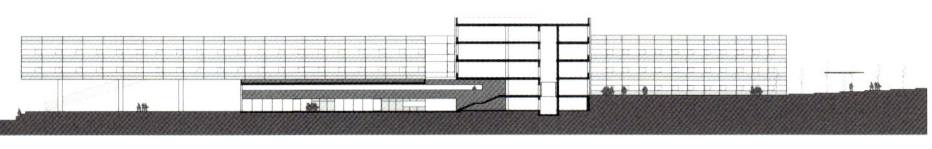

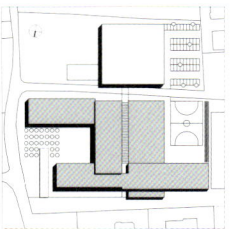

English artist Liam Gillick chose a text fragment by French sociologist Pierre Bourdieu and wrote it into the building in both German and English. Just like someone responding to an exam question, speaking haltingly and thus alienating the answer, the quotation seems to have been set free of its intellectual authority and, unpunctuated, becoming a sublime message. 'I wanted to introduce an element of complication', the artist explained, thus reacting to the contradictions of a centralised education machinery, inherent in the small-town hinterland of an Austrian industrial region.

The architects, though, treated this task – redeveloping, restructuring and extending the area by one third – in a far more conciliatory manner and positioned the stereotypical assets from the seventies to their best advantage, giving character and consistency to the patchwork and organising the individual school types into parts of the building that are easy to identify. In doing so, they never forgot that to some, a complex of 56 classrooms and special teaching rooms on the outskirts of a community of 4,000 would seem provocative and raise objections. Therefore, they chose a consciously reticent but elegant facade made of glass and grey slabs of fibrated concrete.

By elongating a wing of classrooms towards the street they orientated the entrance more specifically in the direction of the town centre and set the Elysian forecourt designed by Anna Detzlhofer into a fitting frame. A birch grove and a shed roof provide shelter for bicycles and persons waiting and, at the same time, form a gateway for a gently falling sequence of rooms cutting through the structure. Beneath a corridor of classrooms the visitor delves into an assembly hall of generous proportions, the inserted into the construction for the visitor to experience the overall dimension when ascending the wide staircase. Resembling a village square, the hall is surrounded by the adjoining cantines, recreation rooms and, via a gallery, the library. Passing the connecting aisle to the new three-court sports hall, past the gymnasiums and a dining hall, the visitor first sets eyes and then foot outside. Flanked by sports areas, a newly erected tract of classrooms juts out far into the school green, additionally providing shelter during rainy breaks and acting as a powerful gesture towards the factual weight of the multi-storey residential buildings nearby.

The interior, apart from being functionally and pragmatically redeveloped, has been effectively upgraded with the aid of a clear colour scheme. The coloured covering of the assembly hall floor, made of synthetic resin, forms a dynamic contrast to the anthracite walls and ceilings, its strong shade of yellow reflecting daylight far into the hall and seeming to draw attention completely to the pathways. This dynamic is reduced in the aisles leading to the classrooms with a shift of the colours to red on the floor coverings and light grey on the walls. In the classrooms it reverts again to gleaming white walls and grey floors, and subtly subsides into standstill.

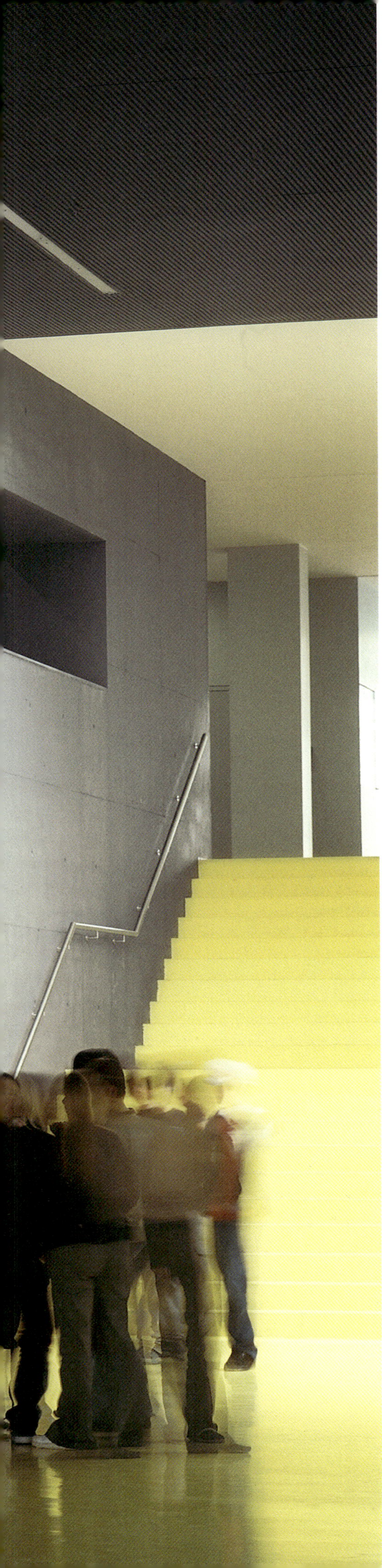

liberalismusdukennstschondiesortediedenkommerzfördertähnajaduweißtschonst

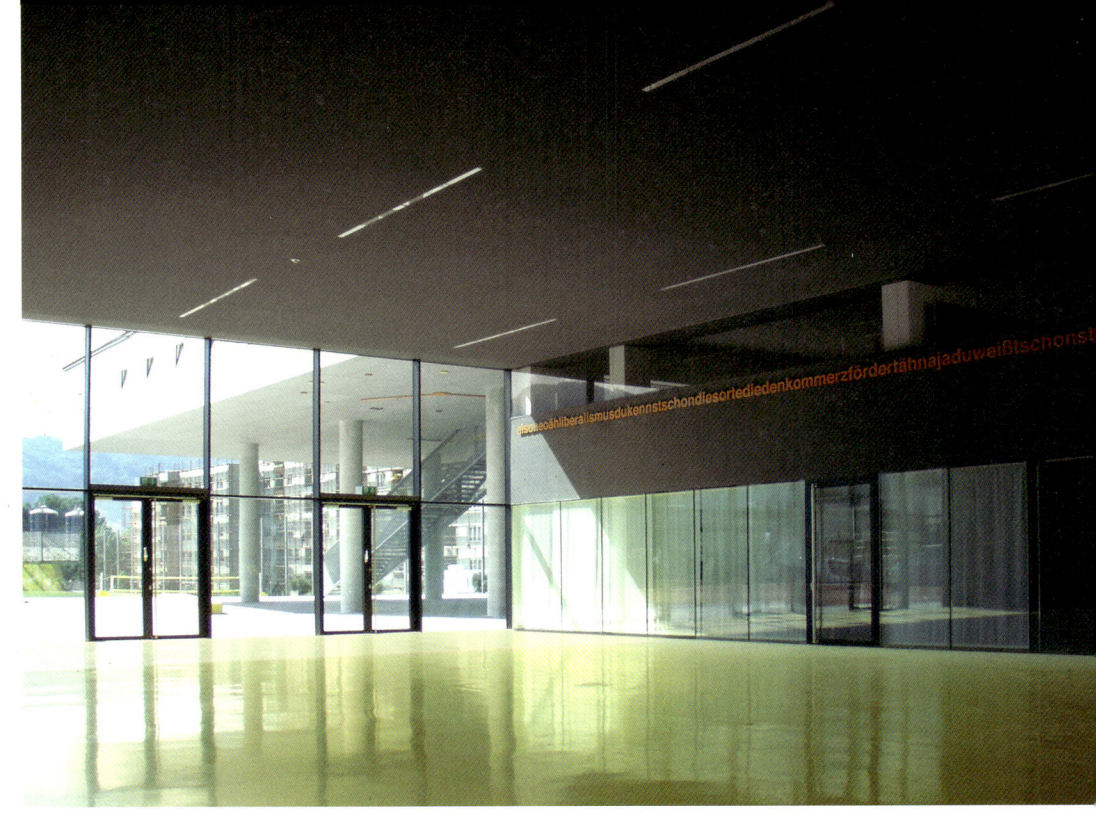

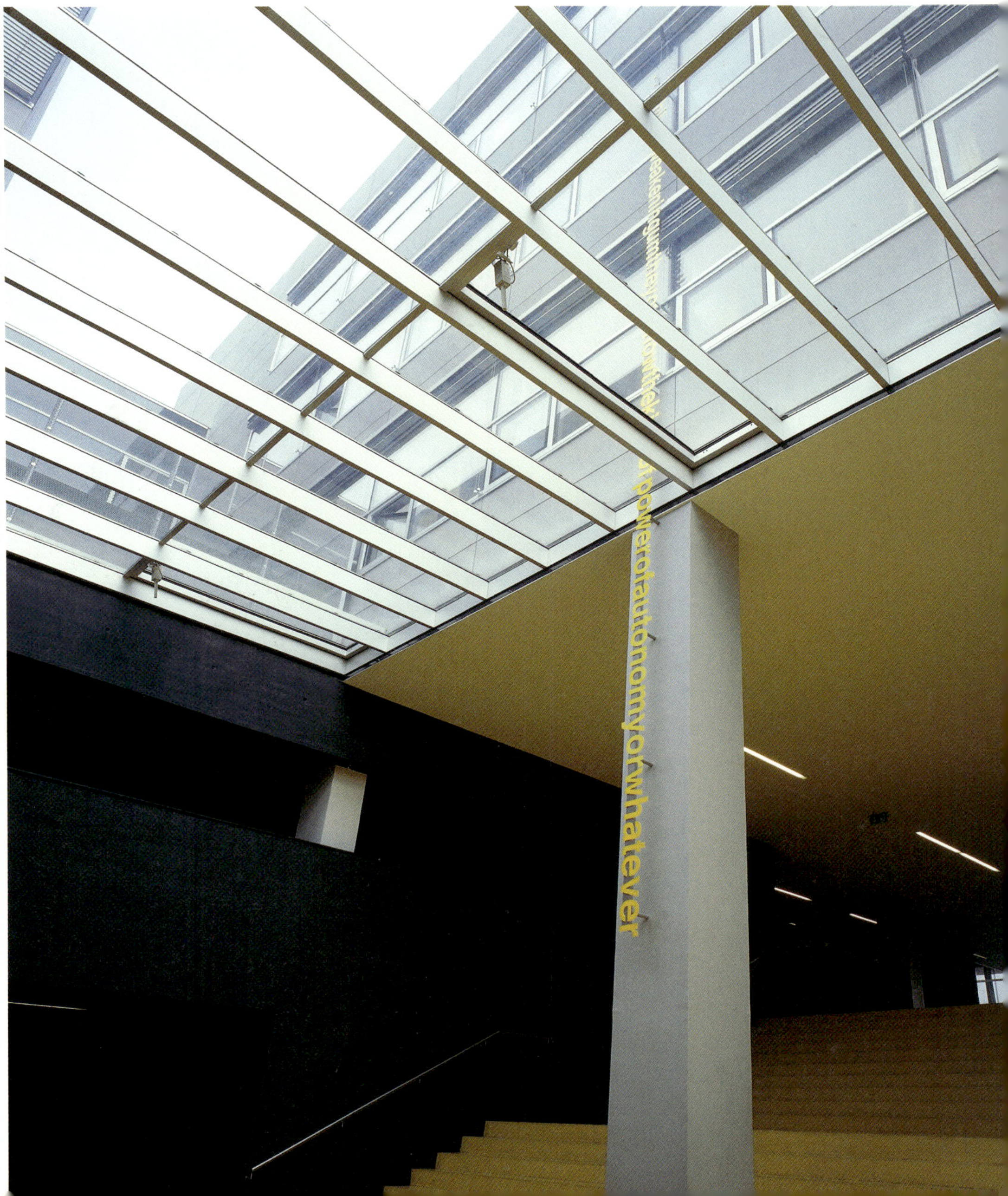
powerofautonomyorwhatever

STADTHALLE - 3FACH TURNHALLE | TOWN HALL - TRIPLE GYM

KIRCHDORF / KREMS / A

Im Gestus einer riesigen Freilichtbühne präsentiert sich der Stadtsaal Kirchdorf. Weit abgerückt von der Straße gibt er einem imaginären Publikum Raum, umgeben von weit offener Landschaft am äußersten Siedlungsrand. Eine ausladende Zugangsrampe führt hinauf auf den in noblem Rot bekleideten Rahmen, in dem sich der Raster einer Glashaut, vier mastartige Stützen und die Rückwand einer Galerie wie Kulissen in die Tiefe des Raumes staffeln. Zwei symmetrische Treppenaufgänge flankieren diesen eingestellten Grat. Nach dem Panoramablick zurück, entwickelt er sich von dort janusgesichtig als Tribüne ins Innere der eigentlichen Turnhalle.

Der Ausgangspunkt war die Forderung, drei Normturnsäle für den Schulbetrieb zu einer Sporthalle zu koppeln. Der konstruktive Lösungsansatz von Riepl Riepl erlaubte die kostenneutrale Erweiterung um ein Foyer.

Heute nutzt die Gemeinde den Bau als Mehrzweckhalle für Veranstaltungen unterschiedlichster Art für bis zu 1.000 Besucher. Ein weiteres Spektrum an Nutzungen wurde in einem äußerst begrenzten Kostenrahmen vereint.

Der Ansatz, 45 x 27 m frei zu überspannen, führte zu einer zwangsläufigen Großzügigkeit und beinhaltete räumliches Potential. Foyer, Tribüne und Sportgerätedepots sind in den Großraum frei eingestellt. Um die Raumwirkung nicht zu beeinträchtigen, wurden die 2 Meter hohen Leimbinder und die Haustechnik unter einer durchgehenden Decke verborgen. Die Innenhaut der Halle bilden farblos lackierte Grobspanplatten. Ein konstruktiver Holzwerkstoff,

der sichtbar belassen auf kleinen Flächen aufgeregt wirken kann, hier aber durch die Dimension des Raumes eine sanfte und angenehme Textur ergibt. Auf ihr kontrastiert das von oben einfallende Tageslicht mit dem milden Feuer der verlaufenden Rottöne, die aus der Reflexion des rotbraunen Sportbodens entstehen. Auch aus ökonomischen Gründen wurde für den Hallenkörper ein Holzbau gewählt. Die Fassadenelemente wurden gedämmt in voller Höhe vorgefertigt, in einem Stück aufgerichtet und anschließend verkleidet.

In seiner ungewöhnlichen Lage am Siedlungsrand kann der Stadtsaal Kirchdorf zwar nicht ortsbaulich wirken, bildet aber mit dem benachbarten Bundesschulzentrum einen räumlichen und funktionellen Dialog. Vom Alltagsgewand des baulichen Nachbarn differenziert er sich mit dem noblen Farbton seiner furnierten Fassadenplatten.

Wie das Schulhaus nutzt auch der Bau der Stadthalle den leichten Abfall des Geländes, indem er sich als riesige Schatulle über einen rückseitigen Parkplatz erhebt, dessen grafische Auflösung von der Freiraumgestalterin Anna Detzlhofer stammt. Von dort gelangt man direkt in das Untergeschoss mit Technikräumen und Umkleiden. Letztere sind über einen Verbindungsgang niveaugleich an die Turnsäle des Bundesschulzentrums angeschlossen, der unbemerkt unter der Parkplatzzufahrt hindurchtaucht. Eine bunte Welle fix installierter Klettergriffe überrascht dort mit der gemeinsamen Attraktion eines In-Door Klettergartens.

Wettbewerb I Competition
1999 1. Preis
Landschaftsarchitektur I Landscaping
Anna Detzlhofer
Ausführung I Realisation
11. 2001 – 11. 2002
Bauherr I Client
Stadtgemeinde Kirchdorf/Krems
Baukosten I Building Costs
€ 3,52 Mio

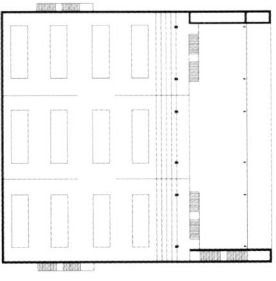
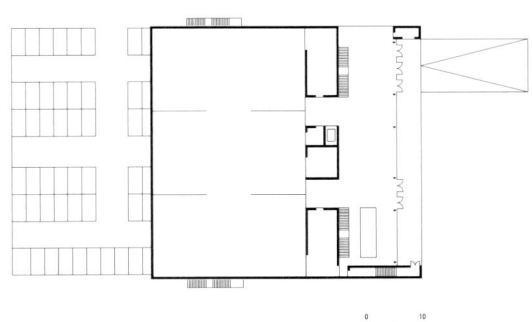
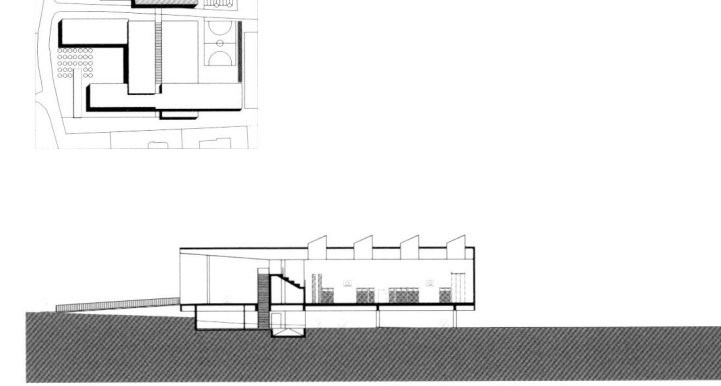

The town hall of Kirchdorf presents itself as an imitation of an enormous open air theatre. Far off the road on the outer edge of the town and surrounded by wide open landscapes, it provides space to an imaginary audience. A wide ramp leads to a framework clad in noble red which houses the grid pattern of a glass skin, four mast-like columns and the back panel of a gallery, all jutting deeply into the room like backdrops and flanked by twin staircases. Janus-faced, after a backward glance at the panoramic view, it develops into a tribune far inside the actual sports hall.

The primary task was to connect three ordinary, adjoining school gymnasiums to one large sports hall. The constructive solution found by the Riepl Riepl architects provided the cost-neutral extension of the hall by an additional foyer.

Today, the community utilises the structure as a multi-functional hall for manifold events for up to 1,000 visitors. A wide range of uses has been united requiring only a very limited budget.

The approach of freely spanning an area of 45 x 27 metres forcibly led to a very generous space with great potential. The foyer, tribune and sports equipment depot have been freely inserted into the great hall. To avoid impairing the spatial effect, the gluelams, 2 metres high, and the HVACR technology have been hidden beneath an end-to-end ceiling. Its inner skin is formed by oriented strand board panels painted transparent - a constructive wooden material that, if left visible, could seem excitable on small surfaces but providing this space with a soft and pleasant texture owing to its vast dimension.

It catches the daylight from above and juxtaposes it to the mild fire of the blended nuances of red created by the reddish reflections of the floor covering. For economical reasons also, a wooden structure was chosen for the body of the hall. The facade elements were prefabricated in the size required and already insulated, erected in one piece and then panelled.

Owing to its unusual location on the town periphery, the town hall of Kirchdorf is unable to form a central part of the town, but it enters into a spatial and functional dialogue with the adjacent Federal School Centre, emphasising its difference with the noble nuance of its furnished facade panels.

Just like the school building, the town hall also utilises the slight descent of the terrain, rising like an enormous casket above the car park beyond, whose graphic release was initiated by outdoor designer Anna Detzlhofer. From there, direct access to the lower storey, complete with utility and changing rooms, is provided, the latter having been linked to the gymnasiums of the School Centre via a corridor on the same level that dives under the car park driveway unobserved. A colourful wave of climbing handholds mounted there comes as a surprise, as does the mutual attraction of an in-door climbing park.

OK CENTRUM FÜR GEGENWARTSKUNST
OK CENTER FOR CONTEMPORARY ART

UMBAU / ERWEITERUNG | REDEVELOPMENT

LINZ / A

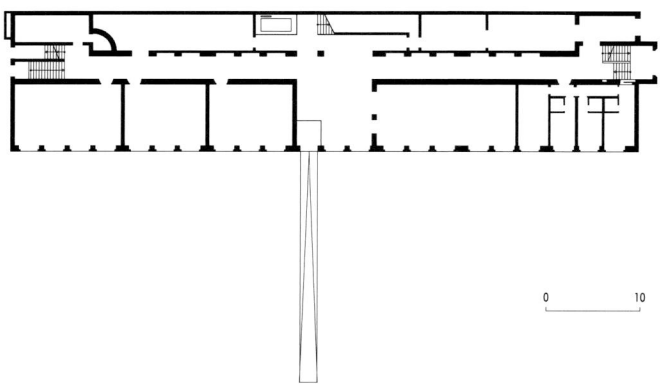

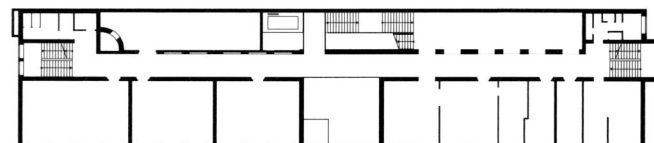

Zum Schulkonvent der Ursulinen (1679 bis 1968) in Linz gehörte auch ein Klosterhof, der sich an der Stelle des heutigen OK Platzes befand. In den 1930er Jahren wurde an seiner Schmalseite die Ursulinenschule errichtet. Das aufgelassene Kloster selbst wurde 1972 bis 1977 saniert und zum Landeskulturzentrum 'Ursulinenhof' umgebaut. 1993 folgte auch für das Mädchengymnasium ein Wettbewerb für ein – vom heutigen Leiter Martin Sturm – neu konzipiertes 'Offenes Kulturhaus', das 1998 als Ausstellungs-, Vermittlungs- und Produktionsort in Betrieb ging.

Diese radikale Wandlung wurde auch auf gestalterischer Ebene, in einem deutlichen Ablösungsprozess von seiner Geschichte thematisiert. Die Rigidität und räumliche Struktur des Altbaus wurden insgesamt bewahrt, aber gezielt und spannungsvoll aufgebrochen.

Seit 1998 durchdringt eine Brücke die Platzfassade und ein mehrgeschossiges Foyer erschließt das Bauwerk an der Rückseite. Abgelöst von der angrenzenden Feuermauer zeigen sich Ateliers, Kuratorenbüros und Ausstellungsräume wie in einem riesigen Setzkasten. Die westliche Dachkante wird überragt vom gläsernen Aufbau des 'Mediendecks', eines medientechnisch hochgerüsteten Studios. Der Reliefputz der Fassade wurde, einer künstlerischen Intervention von Sabine Bitter folgend, grafitgrau eingefärbt. Die gesamte Altsubstanz bildet einen versteinerten Grundkörper, der seither von einer überaus lebendigen Zeitgenossenschaft besetzt wird. 2007 wurde das Haus räumlich reorganisiert und über eine zweite Brücke in einen Neubau erweitert.

Dort finden sich jetzt die Verwaltung des OK und ein großer Kinosaal. Der strenge Monolith entlang der vielbefahrenen Dametzstraße mit Büronutzungen in den Obergeschossen vervollständigt das städtebauliche Gesamtkonzept. Vom Verkehrslärm abgeschirmt und über zwei Passagen an die Fußgängerzone Landstraße angehängt wurde mit den beiden Kulturhäusern, dem Kino, einem sommerlichen Open-Air und zwei neuen Lokalen mit Gastgärten ein kulturelles Subzentrum in der Linzer Innenstadt angelegt.

In einem Schwenk durch die Historie erleben wir den Typus des seriellen Zweckbaus am barocken Ursulinenhof noch mit Fensterfaschen und Putzfeldern aufgelockert. Im Schulbau der 30er Jahre wurde er als strenge Lochfassade mit feinen Fensterteilungen gelöst, um sich heute als rahmenlose Strukturverglasung in ein flächiges Fugenbild zu wandeln.

Neben dem Kontrast der baulichen Epochen bestimmen dichte stadträumliche Bezüge den spannungsreichen Dialog dieses Quartiers. Eine barocke Kapelle verankert sich dabei als scheue historische Mitte. Ein Eingangsbauwerk – ebenfalls von Riepl Riepl – legt sich als zeitgenössische Schichtung an den Ursulinenhof und markiert Tiefgaragenaufgang und Passage.

Die turmartige Hochführung des Neubaus korrespondiert als säkularer Antagonismus mit den umliegenden Kirchtürmen. Sein letztes Geschoss wird durch eine Fortsetzung der Fassade und eine Lichtinstallation zeichenhaft überhöht und markiert den Straßenraum zur Front der vorspringenden Seminarkirche.

Wettbewerb I Competition
1993 1. Preis
Kunst I Art
Sabine Bitter, Helmut Weber,
Angela Bulloch
Landschaftsarchitektur I Landscaping
Anna Detzlhofer
Ausführung I Realisation
01. 1995 – 02. 1998
Auszeichnung I Award
1998 Bauherrenpreis der ZVÖ
Bauherr I Client
Land Oberösterreich
Baukosten I Building Costs
€ 3,35 Mio
Kunst I Art
Neubau
02. 2006 – 08. 2007
Michael Lin

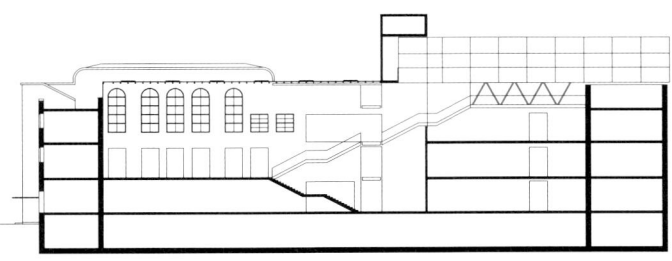

The school convent of the St Ursula nuns (1679 to 1968) in Linz also comprised a convent court where today's OK Square has been created. In the 1930ies, the Ursulinenschule (St Ursula school) was built along its shorter edge. The former convent itself was redeveloped between 1972 and 1977 and rebuilt into the cultural centre 'Ursulinenhof'. In 1993, another competition conceived by today's manager Martin Sturm was instigated to convert the girls' school into an 'Open Culture House', which was initiated in 1998 as a centre of exhibition, mediation and production.

This radical change has also been integrated into its exterior to signal the clear distance this building has gained from its history. The rigidity and spatial structure of the old building were retained but broken consciously and with great tension.

Since 1998 a bridge has cut through the facade facing the square, while a multi-storey foyer opens up the back of the building. Detached from the adjoining fire wall, the ateliers, curator's offices and exhibition rooms resemble a giant setting case. The roof edge to the west is dominated by the glass body of the 'media deck', a studio with high-quality media equipment and technology.

Following the artistic intervention of Sabine Bitter, the relief surface of the facade was coloured in graphite grey, the entire old substance forming a fossilised basis inhabited by a contemporary population that is very much alive. In 2007 the rooms of this house were reorganised and extended into a new development via a second bridge. This new structure now houses the OK administration as well as a large cinema theatre. The austere mono-

lith alongside very busy Dametzstraße with offices on its higher storeys completed the urbanistic overall concept. Shielded from the traffic noise and attached to the Landstraße pedestrian zone via two passages, a cultural sub-centre, with its two culture houses, the cinema, a summery open-air zone and two new restaurants with gardens, has been created in the heart of Linz.

Going back in history, we can experience that type of serial functional buildings when viewing the baroque Ursulinenhof, loosened up by its window folds and plaster squares. The school building of the 30ies presented an austere perforated facade with finely spaced windows, and it has developed into today's two-dimensional jointed image of frameless structural glazing.

Apart from the contrast of structural epochs, dense urbanistic references determine the exciting dialogue of this quarter, anchoring a baroque chapel as its shy historical centre. An entrance structure also designed by Riepl Riepl has been superimposed onto the Ursulinenhof as a kind of contemporary layer to highlight the entrance to the underground car park and the passage.

The tower-like rise of the new building corresponds in secular antagonism with the surrounding church spires, its highest storey symbolically elevated beyond by the continued facade and a light installation, thus highlighting the street space in front of the protruding seminar church.

KULTURZENTRUM BRUCKMÜHLE MUSIKSCHULE
CULTURAL CENTER BRUCKMÜHLE MUSIC SCHOOL

SANIERUNG / ERWEITERUNG | REFURBISHMENT / EXTENSION

PREGARTEN / A

© Amt der OÖ Landesregierung

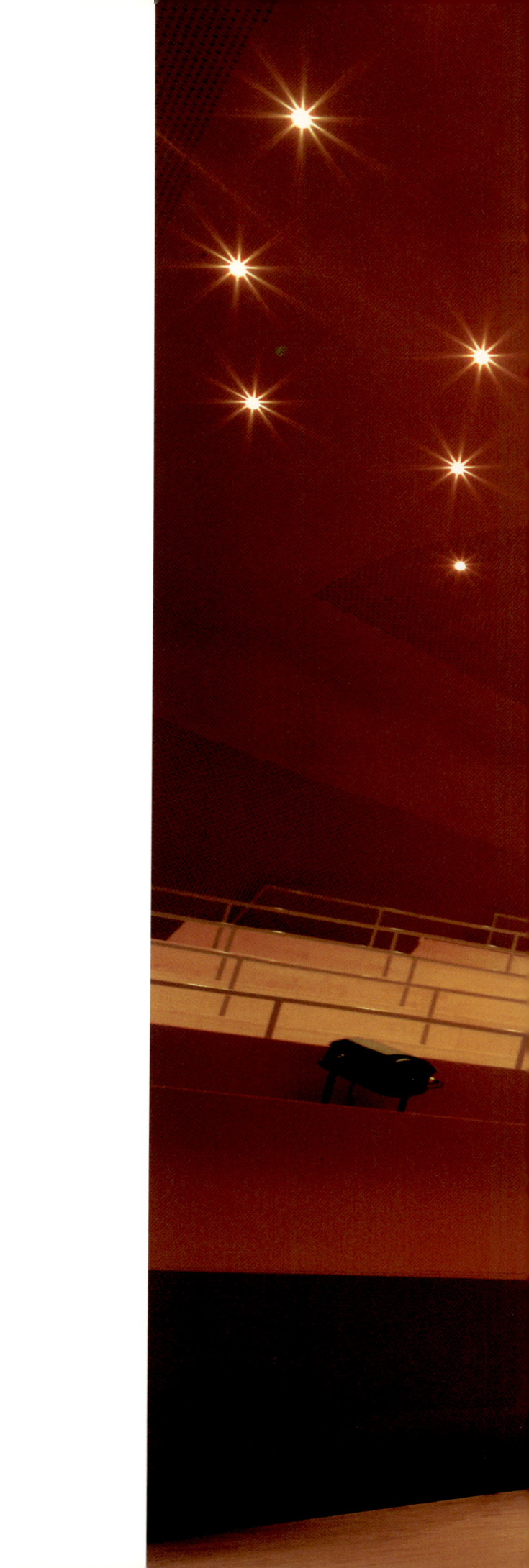

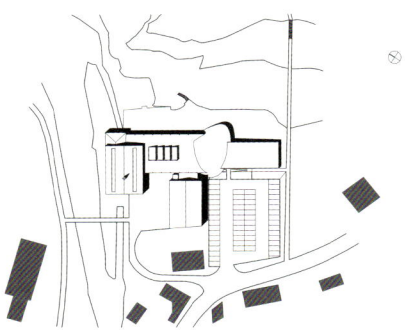

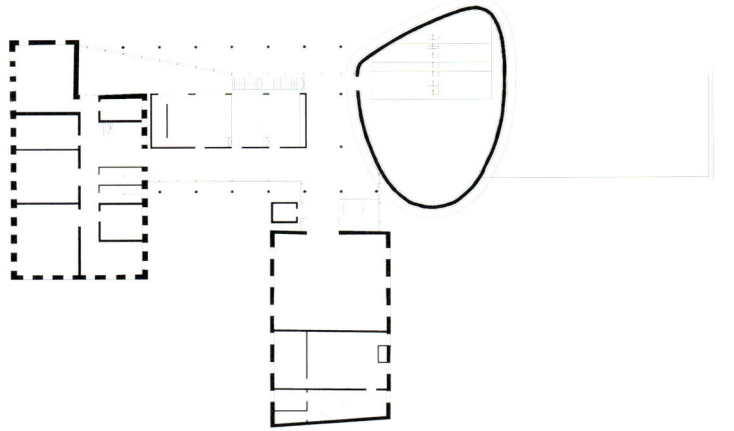

Eine mittelalterliche Mühle wurde 1905 - 11 zu einer Steingutfabrik umgebaut, die 1926 wieder aufgelassen wurde. Von 1932 - 52 hatte einer der Gebäudetrakte zwischenzeitlich bereits eine kulturelle Nutzung als Lichtspieltheater gefunden. Der Erwerb der Anlage durch die Gemeinde leitete schließlich seine Umwandlung in ein Kulturzentrum ein. Das Ensemble am Ortseingang wurde renoviert und kann heute einem breiten und ambitionierten Spektrum von Kultur Raum bieten. Zwei der Gebäude wurden erhalten. Im Mühlengebäude am Fluss wurde die Musikschule untergebracht, der Fabrikstrakt zur Straße wurde mit einem Gasthaus und Seminarräumen ausgestattet. Dazu wurde ein markanter Theatersaal in Form eines amorphen Felsbrockens, eines 'Findlings' gesetzt. Diese Gruppe verbindet ein transparentes Foyer, das als Beton-Stahl-Glaskonstruktion dem rationalen Duktus industrieller Nutzbauten folgt. Eingangsseitig wurde darin ein Verbindungsgang und Verwaltungsbüros auf Stützen eingestellt, sodass sich das Foyer in seiner Höhe zum rückwärtigen Landschaftsraum weit öffnet.

An den in einem festlichen Rot gehaltenen Theatersaal wurden Nebenräume und ein Musikprobelokal angefügt, die über einen Bühneneingang vom Parkplatz erschlossen werden. Der von der Straße abgerückte Bestand wurde so ergänzt, dass eine vielfältige Abfolge von stimmungsvollen Außenräumen angelegt werden konnte, die den Charakter der zurückhaltend renovierten Industriebauten erlebbar macht und die verbleibenden Freiräume ganz beiläufig zu einer dramaturgischen Folge landschaftlicher Szenen fasst.

Wettbewerb I Competition
1992   1. Preis
Ausführung I Realisation
11. 1997 – 10. 1999
Bauherr I Client
Gemeinde Pregarten
Baukosten I Building Costs
€ 4,61 Mio

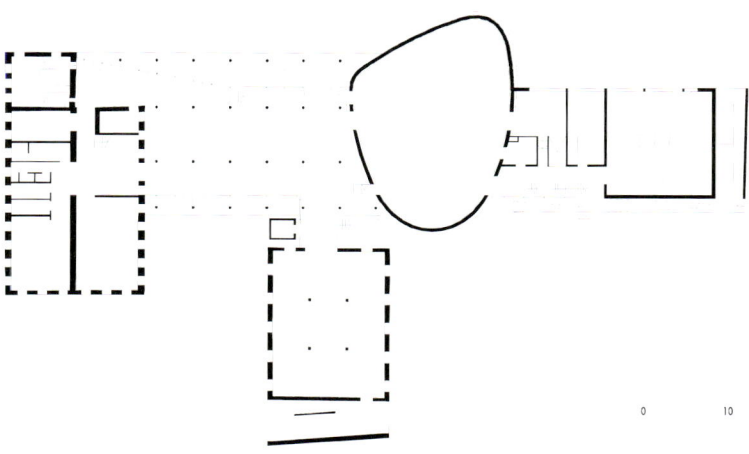

0   10

Between 1905 and 1911 a medieval millhouse was rebuilt into an eartherware factory that went out of production again in 1926. From 1932 - 52 one of its wings was temporarily put to cultural use as a cinema. When the community authorities purchased the entire facility, they started developing it into a cultural centre. The ensemble on the outskirts of the village was renovated and today can play host to a wide and ambitious variety of cultural activities. Two of the buildings were retained, the part of the mill beside the stream housing the music school, while the factory wing facing the street was equipped with a restaurant and seminar rooms. A distinctive theatre in the shape of an amorphous boulder, a so-called 'Findling' (foundling), was added to this group, connected by a transparent foyer whose construction of concrete, steel and glass follows the rational characteristic style of industrial functional buildings. On the side of the entrance, a connecting aisle was inserted, as well as some administrative offices on columns, thus opening up the higher part of the foyer to the wide landscape beyond.

To the auditorium in its festive red, adjoining rooms and rehearsal rooms for musicians have been attached, accessible through a stage door from the car park. The parts of the building further away from the street were complemented with a diverse sequence of atmospheric outer rooms that make the character of the industrial buildings that were renovated in such a reticent manner easy to experience for the visitor, and that casually assemble the remaining free spaces into a dramaturgical sequence of landscape scenes.

PFLEGEHEIM HÖCHSTERSTRASSE | NURSING HOME HÖCHSTERSTRASSE

MIT JOHANNES KAUFMANN ARCHITEKTUR

DORNBIRN / A

Dem Umzug in ein Pflegeheim geht zumeist ein Verlust an Mobilität und Autonomie voraus. Die vertraute Wohnung zu verlassen bedeutet einen Einschnitt im Leben eines alten Menschen.

Der Entwurf der Arbeitsgemeinschaft Riepl Riepl und Johannes Kaufmann reagierte hier sensibel und schuf – rund um technisch und organisatorisch anspruchsvolle Notwendigkeiten – einen belebten Binnenraum, einen Ort der kleinen Schritte, eine differenzierte Lebenswelt für 108 Bewohner.

Am Ufer der Dornbirner Ach und neben einer großen Mittelschule lagert der 72 m lange und 28 m breite Holzkörper frei in einer parkartigen Landschaft.

Auf einem Betonkörper im Erdgeschoss und im Kellergeschoss, das unterirdisch mit dem Bestandstrakt verbunden ist, setzt eine langfristig flexible Konstruktion aus Stahlbetonstützen und Decken auf. Wandscheiben und Liftkerne steifen die Konstruktion aus. Dazwischen entfalten Wand- und Fassadenelemente aus vorgefertigten Holzelementen die erforderlichen Innenräume. Ein technisch leistungsfähiges Konzept, das in knapper Bauzeit errichtet werden konnte.

Wie ein Dorf für sich breitet sich das Gebäude über dem eingerückten und verglasten Erdgeschoss aus, das mit seiner umlaufenden Loggia einen geschützten Spazierweg schafft. Es beinhaltet die Verwaltung und eine kleine Dementenstation mit 11 Zimmern, der ein separater Garten zugeordnet ist. Die zweite Hälfte am Eingangsbereich – weit eingerückt und mit Brunnen und Bank vor dem Haus – bleibt den allgemeinen Nutzungen vorbehalten: Empfang, Anmeldung, Aufenthalt und Kapelle.

Die drei allseitig orientierten Bettengeschosse mit jeweils zwei Pflegestationen (2 x 16 Zimmer) umkreisen in der Art eines Angerdorfes eine gemeinsame Mitte aus Pflegeeinrichtungen, einem Fluchtstiegenhaus und einem gebäudehohen Atrium, von dem aus man den Eingangsbereich überblicken kann. Raumhohe Fotografien vom Dornbirner Marktplatz in jedem Geschoss sind der Beitrag der 'Kunst am Bau' und bieten für die Bewohner Identifikationsmöglichkeiten mit einer hohen visuellen Dichte.

Die Zimmerfolgen sind von weiteren Aufenthaltsflächen, einem Esszimmer, zwei 'Stüble' und Personalräumen durchbrochen. Große und kleine eingeschnittene Loggien ergänzen das Angebot an Freibereichen auf diesen Umgängen. Der Versatz dieser Elemente in der Fassade lässt außen eine raffiniert rhythmisierte Mikrostadt entstehen. Ein sanft durchbrochener Körper und der feine Ton der Lattung aus Weißtanne verhelfen dem gewaltigen Baukörper zu erstaunlicher Lebendigkeit und einem fassbaren Maßstab.

Wettbewerb I Competition
2002   1. Preis
gemeinsam mit I with
Johannes Kaufmann Architektur
Lichtplanung I Light Design
Charles Keller
Landschaftsarchitektur I Landscaping
Barbara Bacher
Ausführung I Realisation
12. 2003 – 09. 2005
Bauherr I Client
Stadt Dornbirn
Baukosten I Building Costs
€ 12,65 Mio

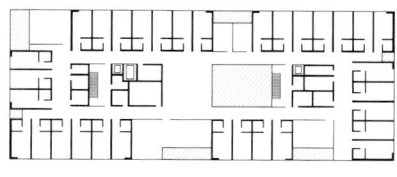

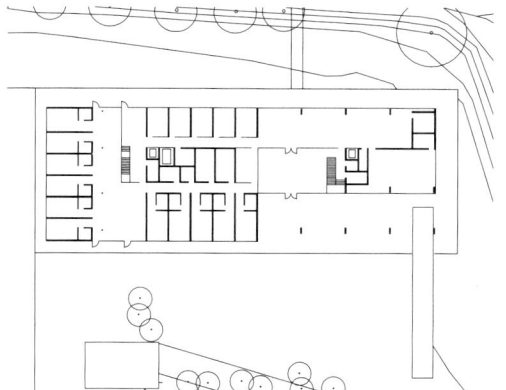

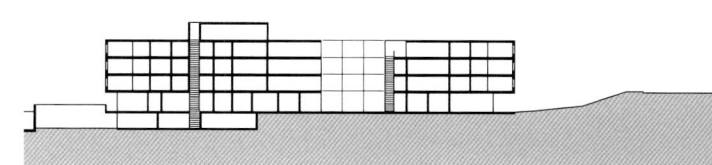

Often, when people are forced to move to a nursing home, they have already lost their mobility and autonomy. Leaving his or her familiar surroundings means a great change in the life of an elderly person.

Riepl Riepl architects and Johannes Kaufmann reacted very sensitively to this fact and jointly created a lively space, a place of little steps, a highly differentiated world for 108 residents – always conscious of technical and organisational requirements and restraints.

The wooden body, 72 metres long and 28 metres wide, lies freely on the banks of the Dornbirner Ach, next to a large secondary school, in a park-like landscape. A long-term flexible construction of reinforced concrete columns and slabs is based on a concrete body on ground-floor level and in the basement, which is linked to the main wing underground. Shear walls and lift cores reinforce the construction, while prefabricated wooden wall and facade elements provide the required interior spaces – a technically effective concept that was carried out in a very short time.

Seeming like a village unto itself, the building spreads across the indented and glazed ground floor, whose surrounding loggia creates a sheltered pathway. It houses the administration and small dementia ward with 11 rooms and its own separate garden. The second half facing the entrance area – far back and with a well and bench in front of the house – is reserved for more general uses: reception, registration, recreation and as a chapel.

Village-like, the three storeys with beds, facing all directions, with two nursing wards each (2 x 16 rooms) surround a common centre of nursing facilities, emergency staircase, and an atrium as high as the building, from where the visitor is able to view the entire entrance area. Photographs reaching from floor to ceiling and showing the market place of Dornbirn on each floor are the contribution of 'art in construction' and offer to the residents identification possibilities with high visual density. The room sequences are broken up by further recreation spaces, a dining room, two 'Stüble' (rustic informal rooms) and staff rooms. Large and small inserted loggias round off the manifold free spaces these corridors offer. Offsetting these elements in the facade has created an intricate and rhythmical micro-town. A gently broken body and the fine nuance of the white fir battens render this enormous structure amazingly alive and clear.

STELLWERKE | RAILWAY CONTROL CENTER

LINZ / WIEN | VIENNA / A

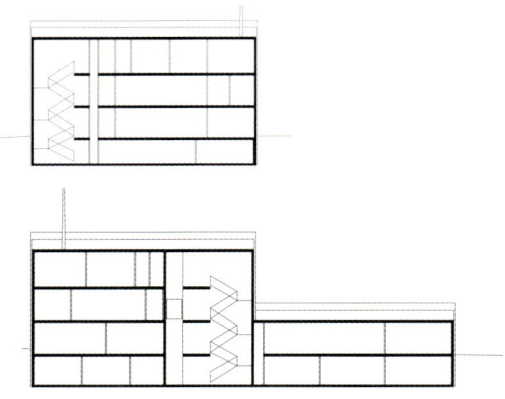

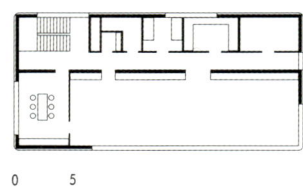

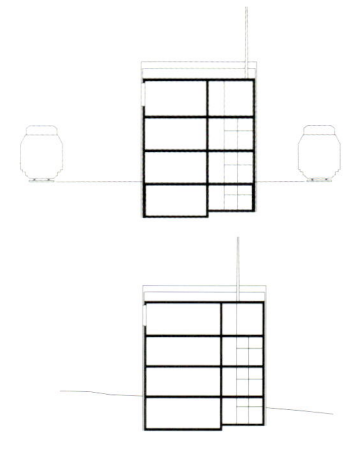

Verkehrsbauwerke tragen die Spuren einer Gegenwirklichkeit. Lärm und Gefahr, die von ihnen ausgehen, haben sie an den Rand gedrängt oder sie selbst zu inneren Rändern der Städte gemacht. Geschwindigkeit und technische Komplexität erfordern Distanz und Aufmerksamkeit, bleiben aber immer ein faszinierender Anziehungspunkt.

Diese Ambivalenz prägt auch die elektronischen Stellwerke in Linz und Wien, die als neuer Typus entwickelt wurden, um als modulares System auf unterschiedliche Grundstücksvorgaben und Raumprogramme reagieren zu können. Im formalen Bezugsfeld zwischen Bahnhöfen, Wagenmaterial und einem wechselnden Umfeld von Nicht-Orten wurde ein kompakter Baukörper angestrebt, der sich für Reisende und Wohnhafte durch lapidare Klarheit als 'landmark' im Schienenfluss behauptet. 'Wir wollten nicht ein singuläres, skulpturales Ereignis generieren, sondern eine für den Bahnbetrieb notwendige, technische Einrichtung adäquat fassen. Wir suchten die Balance zwischen der erforderlichen Selbstbehauptung und der Nonchalance eines technischen Geräts. Die komplexe Technik mit sehr differenzierten Anforderungen erhält eine einende Karosserie, die trotz oder gerade wegen ihrer scheinbar fast substanzlosen Präsenz im rauen Umfeld besteht.'

Oberfläche und Farbigkeit betonen die Wertigkeit im Gesamtsystem der Infrastruktur Bahn. Bewusst nicht in Konkurrenz zur akzentuierten Farbigkeit der Züge erhält der Bronzeton der Fassaden in Verbindung mit dem allgegenwärtigen Eisenfeinstaub eine sehr spezifische Färbung, die von seidig glänzend bis matt, von kühl bis warm oszilliert.

Auf ihre physische Nachbarschaft reagieren sie mit dezidierter Hermetik. Diese unterkellerten Funktionsbauten aus Stahlbeton und einer vorgehängten Fassade aus Aluminium-Verbundplatten bergen zwei bis drei Geschosse streng abgeschirmter Bahntechnik in sich: Hochspannungsanlagen, unterbrechungsfreie Stromversorgung, Rechnerräume für Signalgeber und Weichen. Daneben finden sich nach Bedarf Büros und Sozialräume, nur das oberste Geschoss dient der eigentlichen Fahrdienstleitung. Dort changiert die Einheit von Gerät, Bauwerk und Zeichen zum präzisen Instrument.

An mehreren Arbeitsstationen überragen Doppelreihen von 10 Bildschirmen die einsamen Kommandeure der ausgedehnten Schienenbündel. Ein Außenbezug ist technisch also grundsätzlich entbehrlich. Dennoch erhalten sämtliche Arbeitsräume großzügige Verglasungen, um auf eine 'Internierung' der Mitarbeiter zu verzichten. Verschattungs- und Lichtumlenksysteme gewährleisten optimale Arbeitsbedingungen. Doch bleibt so auch die Relevanz ihrer Tätigkeit spürbar und schärft bei jedem Blick hinaus das Bewusstsein für die Verantwortung gegenüber den realen Bezügen: Waggons, Ladung, Lokführer, Verschubarbeiter und Passagiere bewegen sich dort in unaufhörlichem Getriebe.

Wettbewerb I Competition
2000 1. Preis
Tageslichtsimulation I
Daylight Simulation
Bartenbach Lichtlabor
Ausführung I Realisation
Linz 05. 2001 – 03. 2002
Wien I Vienna 08. 2001 – 07. 2002
Bauherr I Client
ÖBB
Baukosten I Building Costs
Linz € 2,60 Mio
Wien I Vienna € 2,20 Mio

Traffic buildings always bear traces of an alternate reality. The noise and hazards emanating from them have peripheralised them or turned the buildings themselves into the inner edges of cities. Speed and technical complexity require distance and attention but at the same time always remain a fascination and attracting force in themselves.

This ambivalence also characterises the electronic railway control centres in Linz and Vienna that were developed as the new type of modular system in order to be able to react to various kinds of construction sites and spatial programmes. In the formal field of reference between railway stations, wagon material and a constantly changing environment of non-places, a compact structure was aimed at which is able to hold its own as a landmark among the tracks through lapidary clarity, for both travellers and residents.

'We didn't want to create a singular sculptural event but rather a technical institution necessary and suitable for railway operations. We were trying to strike a balance between the self-confidence required for this stance and the nonchalance of a technical device. The complex technology with its manifold requirements has been provided with a unifying chassis that is able to prevail in its rough surroundings despite, or even due to, its seemingly almost ephemeral presence.'

Surface and colouring emphasise the significance of the construction in the entire system of railway infrastructure. Consciously not in contrast to the accentuated colouring of the trains, the bronze nuance of the facades has, also owing to the ubiquitous fine iron dust, acquired a very specific shade, oscillating between shimmering and matt de luxe, between cool and warm.

To their physical vicinity these functional structures display a decidedly hermetic reaction. They have basements and consist of reinforced concrete and a superimposed facade made of aluminium composite boards. Each centre houses two to three storeys of rigidly protected railway technology: high voltage facilities, uninterruptible power supply, computer rooms for the signallers and the switches. Adjoining, there are offices and recreation rooms as required, as only the topmost floor is used by the actual station management. There, the unity of technology, construction and symbol turns into a precise instrument.

Several working stations with double rows of 10 monitors dominate the lonely commanders of the wide-stretching net of tracks. Technically speaking, no outside reference is required therefore. Nevertheless every single workroom is generously glazed to prevent the people inside from feeling 'interred'. A cleverly designed system of light and shade ensures optimum working conditions – but the relevance of their work is still perceptible, each glance out sharpening the feeling of responsibility they have regarding reality: wagons, freight, engine drivers, workers and passengers form a continuing cycle that spirals without ceasing.

BÜROHAUS ENGEL | OFFICE BUILDING ENGEL

PRAG | PRAGUE / CZ

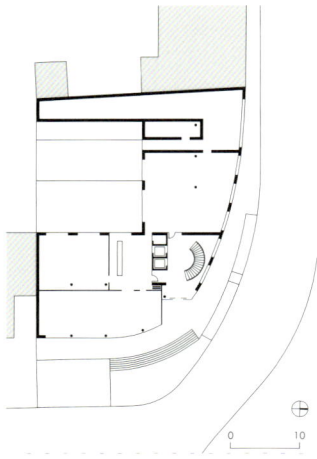 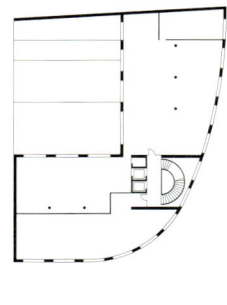 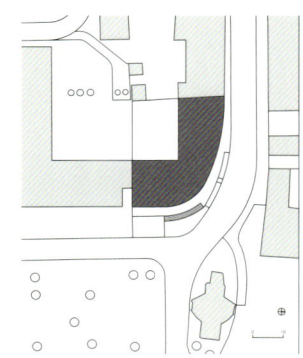

Das neue Bürohaus hat sich als Ziel gesetzt, einem noch nicht zur Ruhe gekommenen Stück Stadt Kohärenz zu geben. Eine alte, kleinteilig bebaute Gasse, eine barocke Kapelle inmitten der Straße, ein Park mit einem Schulhaus und kommerziell entwickelte Bürobauten nahe einer Autobahnverbindung. Eine dünne, gläserne Membran verbindet in weitem Bogen das neue Büroquartier mit der alten Gasse und bildet einen ruhigen Hintergrund für die Kapelle vis-à-vis. Das Außenbild ist betont flächig gehalten und wird strukturiert durch einen gleichmäßigen Raster von fassadenbündigen Öffnungen, die sich im schleifenden Blick zwischen den Fassadentafeln aus siebbedrucktem Glas verlieren. Ein beiläufiges Spiel mit der Wahrnehmung, das bereits bei geringem Positionswechsel in Bewegung gerät. Dahinter verbergen sich Verwaltungsbüros, ein Schulungszentrum und extern vermietete Büros. Das Erdgeschoss beeindruckt durch seine Ausstellungsflächen mit den wuchtigen und zugleich hochpräzisen Spritzgießmaschinen, die selbstbewusst den Weltmarktführer repräsentieren.

The new office building aims to give coherence to a still restless part of the city. An old built-up alley, a baroque chapel in the middle of the street, a park with a school building and commercially developed office structures close to a motorway junction. In a wide arch, a thin glass membrane connects the new office headquarters with the old alley, thus forming a restful backdrop for the chapel opposite. On the outside, the surfaces are emphasised, structured only with the aid of a uniform grid pattern of apertures flush with the facade, and these openings seem to get lost from view between facade plates made of silkscreen glass. It casually plays with the observer's perceptive powers, and this interplay ensues with the slightest change of position. The facade hides administrative offices, a training centre, and offices leased out. The ground floor is very impressive; its exhibition areas display the bulky but extremely precise injection moulding machines, confidently representing the global market leader.

Ausführung I Realisation
09. 2004 – 11. 2006
Bauherr I Client
Ludwig Engel KG

KIRCHE ST. FRANZISKUS | ST FRANCIS CHURCH

STEYR-RESTHOF / A

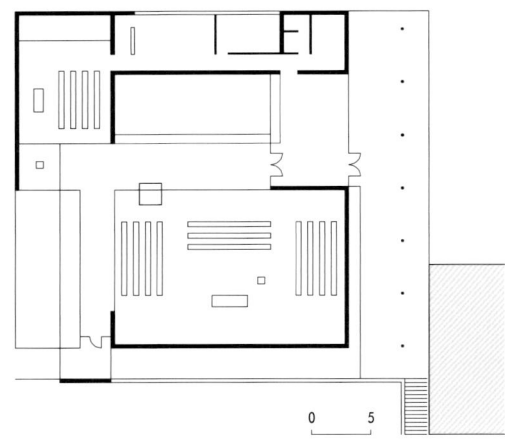
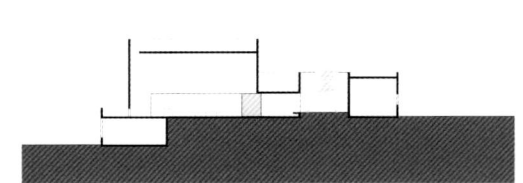
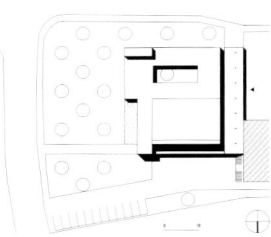

0   5

Wenn Pater Essl von seiner Kirche spricht, fallen Begriffe wie 'innere Wärme', 'Einfachheit' und 'neues sakrales Raumgefühl'. Nicht unwesentlich, denn diese Kirche steht in einer wenig beschaulichen Trabantenstadt aus den 70er Jahren. Zwischen zwei Industriegebieten finden sich sechs- bis achtgeschossige Wohnscheiben lose verteilt über Abstandsgrün, Supermärkte, ein Kindergarten und etwa 4.500 Einwohner in einer wachsend multiethnischen Zusammensetzung. Kinder spielen zwischen den Häusern. Die Menschen sind auf den spärlichen öffentlichen Raum angewiesen.

Auf diese Bedingungen reagierten Riepl Riepl offensiv: 'Die Kirche ist erdacht als offenes Gefüge, in dem die Fülle des Lebens Platz findet: Menschen, Pflanzen, Erde, Steine, Wasser, Licht. Im Vordergrund steht das Leben in all seiner Wandelbarkeit und seinem Reichtum an beständigen und wechselnden Beziehungen. Das Haus selbst dient dazu in fester und bestimmter Weise, verzichtet aber auf beherrschende Symbolik und bedrängende Botschaften. Der eigentliche Akteur ist das Leben selbst. Das Haus motiviert und vermittelt.'

Mit Erfolg, denn seit der Eröffnung hat sich die Zahl der Gottesdienstbesucher gefestigt, anfängliche Irritationen – auch seitens der Liturgie – haben sich zu einer hohen Akzeptanz dieses auch kulturellen Zentrums gewandelt.

Das Gefüge entwickelt sich als fließende Raumfolge, die am Vorplatz beginnt. Unter einer hohen öffentlichen Arkade taucht sie in eine transparente Vorhalle und führt entlang eines begrünten Innenhofs ins Innere. Der Eintritt geschieht beiläufig, ohne Portal, mit Blick auf einen schieferschwarzen Taufstein. Der Hauptraum selbst liegt zur Seite, an zwei Seiten von einem Umgang umfangen. Der schließt sich außen mit einem öffentlichen Weg, der von innen wahrnehmbar bleibt, da die Altarwände über ein schmales Fensterband angehoben sind. Alltag und Andacht werden hier ganz nah aneinander geführt.

Zur Erde fast umlaufend offen, erlebt man eine Folge von ineinander gefügten Himmeln: Der kaum merkbar olivgrün eingefärbte Beton ist in Hauptraum und Kapelle im sanften Ton von Birkensperrholz ausgekleidet. Der Kontakt mit dem Quartier bleibt durch gezielte Ausblicke aufrecht und das einfallende Tageslicht wird über Naturräume geleitet. Aus dem Osten – ohne Scheu breit geöffnet – wird es sanft über eine Wasserfläche reflektiert. Von oben fällt es entlang der furnierten Altarrückwand und vom Eingang über das grüne Podest des kontemplativen Innenhofes.

Ihren Höhepunkt findet die Lichtführung im gläsernen Aufsatz der Kapelle, den die Lichtinstallation 'Tears of St Francis' von Keith Sonnier mit zwölf Neonschleifen in einen visuellen Glockenturm verwandelt. Das bunte Neonlicht des New Yorker Künstlers trägt etwas von einem amerikanischen Mythos in die subtile Bauskulptur. Wo sie sich zum nächtlichen Leuchtbild entäußert, wird sie unerwartet zu Pop. Zu Pop, der vermutlich ganz im Sinne des heiligen Franziskus nah bei den Menschen und ihrem Alltag steht – bei den Supermärkten und Leuchtreklamen, bei den Kulturträgern der Vorstadt.

Wettbewerb I Competition
1995 1. Preis
Lichtinstallation I Light Installation
Keith Sonnier
Landschaftsarchitektur I Landscaping
Cordula Loidl-Reisch
Ausführung I Realisation
03. 2000 – 05. 2001
Auszeichnung I Award
2001 Bauherrenpreis der ZVÖ
2007 Architekturpreis Steyr
Hauptpreis
Bauherr I Client
rk Pfarrexpositur St. Franziskus Steyr
Baukosten I Building Costs
€ 1,92 Mio

Whenever Father Essl talks of 'his' church, he uses words such as 'inner warmth', 'simplicity' and 'new, sacral ambiance'. This is not insignificant, considering this church is located in a less attractive satellite town dating back to the seventies. Two industrial areas sandwich six- to eight-storey residential slabs, an aimless scattering including green area, supermarkets, one prep school, and about 4,500 residents of increasingly multi-ethnic origins. Children play between the houses. The people living there are dependent upon the sparse public spaces.

To such conditions, the Riepl Riepl architects reacted offensively: 'The church has been conceived as an open system with enough space for the abundance of life: humans, plants, earth, stone, water, light. It focuses on life in its ever-changing cycles and its wealth of both constant and alternating relationships. The house itself serves this purpose with great determination but without any dominating symbolism or pressing messages. The main actor is life itself while the building motivates and mediates.'

With great success, which is reflected in the steady number of the members of the congregation, while some initially irritating factors – some on the side of the liturgy – have changed into widespread acceptance of this religious and cultural centre. The structure develops as a flowing sequence of rooms, starting at the forecourt. It delves under a high public arcade into a transparent vestibule and leads into the interior, along a leafy courtyard. The visitor enters casually, without any portal, immediately faced with a view of the slate-grey christening stone. The main room itself is situated to one side, flanked by a corridor on two sides which flows into a public path that can be seen from the inside as the altar walls have been elevated above a narrow ribbon glazing. Daily life and worship are brought intimately together.

As the structure is almost continuously open at ground level, the observer experiences a sequence of interwoven skies. The concrete, almost imperceptibly tinged in olive, has been panelled with a gentle nuance of birch plywood in the main room and chapel. Carefully placed visual openings maintain contact with the quarter, guiding the incoming rays of daylight through natural spaces. From the east – wide open without diffidence – it is softly reflected by a water surface. From above, it glides along the furnished back panel of the altar and from the entrance across the green pedestal of the contemplative courtyard.

The directed lighting has its climax in the glass structure topping the chapel, which is turned into a visual bell tower by the twelve neon ribbons of Keith Sonnier's light installation 'Tears of St Francis'. The colourful neon light installed by this New York artist carries some American myth into the otherwise subtle sculpture. Where it stretches out as a nocturnal image of light, it suddenly turns into popart. The kind of pop culture that St Francis would probably have approved of wholeheartedly as it is close to people and their everyday lives – close to supermarkets and luminous advertising banners, the beacons of suburban culture.

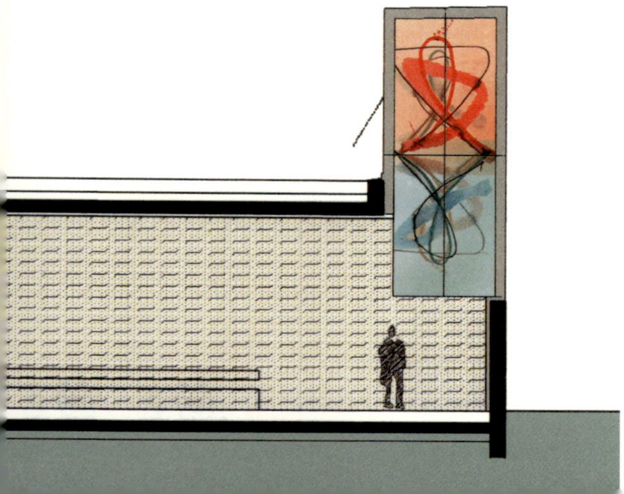

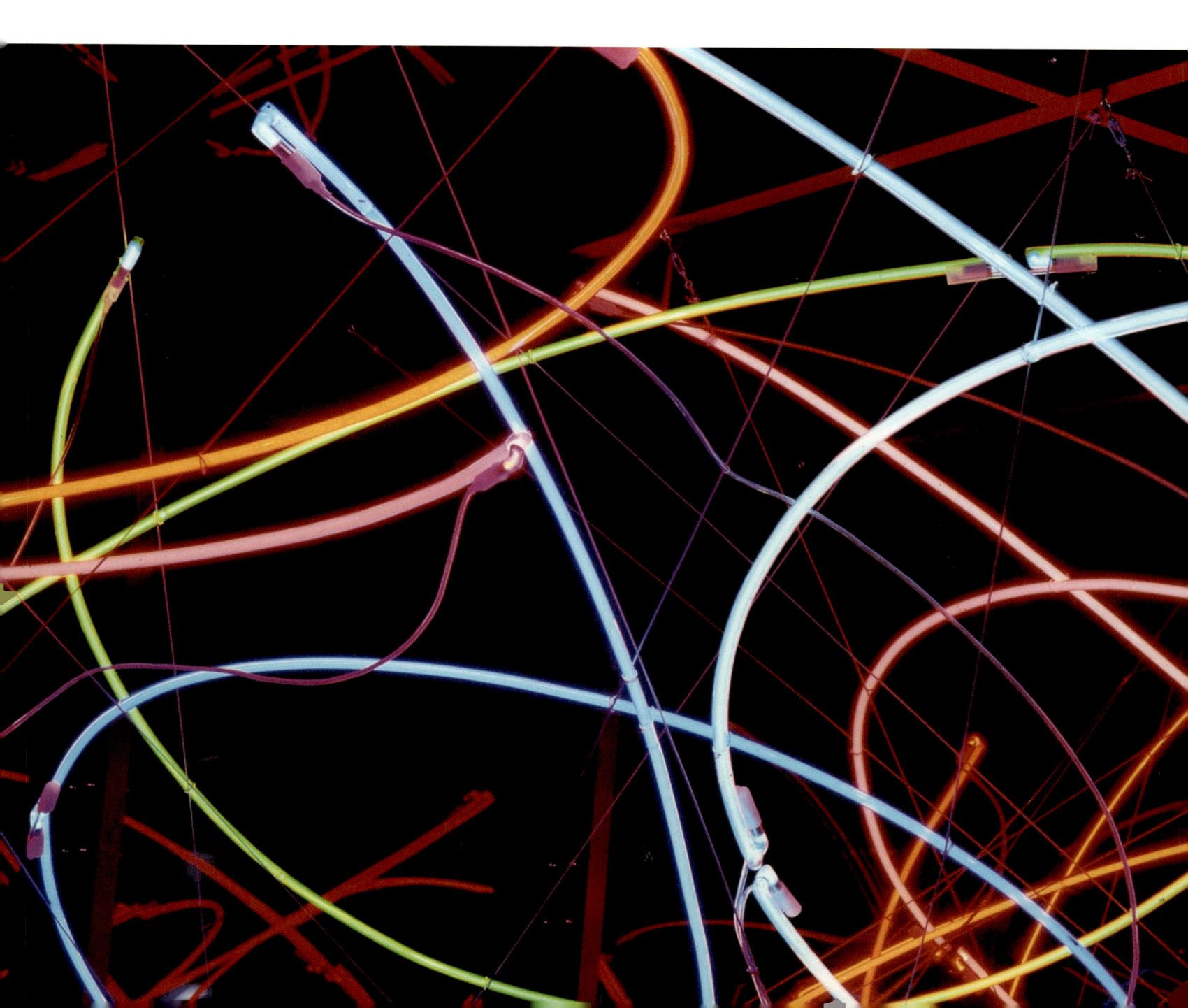

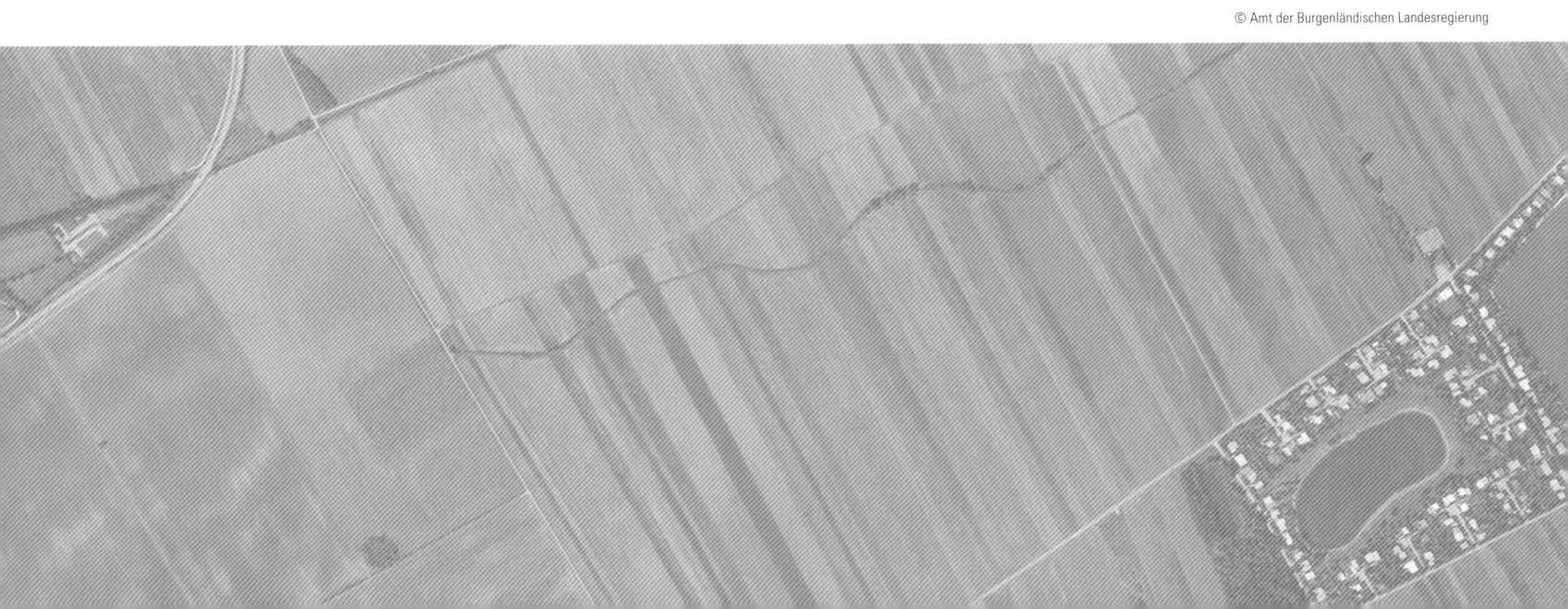

Der Ort ist ungewöhnlich, doch war eine suburbane Neuentwicklung die pragmatische Wahl, um die auf zwei Standorte verteilten Studienrichtungen vereinen zu können. Nahe der Autobahn, an der Einfallstraße ins Zentrum Eisenstadts führt der Weg vorbei an Einkaufszentren und Fachmärkten in die zweite Reihe. Dort an der Grenze zur freien agrarischen Landschaft baut sich das Gebäude als wuchtiges Zeichen mit seinem weit auskragenden Vordach auf. Identitätsbildung war in dieser suburbanen Kampfzone und auch angesichts des Wettbewerbs der Fachhochschulen ein Gebot der Stunde.

In diesem flachen und winddurchfahrenen Land gibt es kaum Umfeld und Bezüge. Ein Technologiepark jenseits der Straße bietet zwar inhaltliche Anknüpfungspunkte, das studentische Leben muss aber auf dieser akademischen Insel zur Gänze selbst bestritten werden.

Der Entwurf reagierte typologisch mit einem Großkörper, der im Inneren zu einem Netz von Wegen und geschützten Innenhöfen aufgelöst ist. Ein sorgsam durchbrochenes Gefüge, das im Wechsel von Innen und Außen, durch Einschnitte und Verzweigungen der Idee des Campus folgt.

In der breiten Welle der Dachfläche bildet sich der Querschnitt der Hörsäle und ihrer ansteigenden Stuhlreihen ab. Hinter dem freien Rhythmus der raumhohen Fensterkolonnen sind im obersten Geschoss Institute untergebracht, darunter folgen Seminarräume und im Erdgeschoss Computerarbeitsplätze.

Unter dem Vordach liegt auch der Eingang, der mit den allgemeinen Einrichtungen wie Bibliothek und Verwaltung die erste Reihe bildet. Dahinter entspannt sich ein knapper, querliegender Foyerbereich, der von zwei weißen, skulpturalen Treppenanlagen flankiert wird. Die große Aula bildet der Innenhof, um den sich das Haus in zwei unterschiedlich breite Trakte teilt und die Raumaufteilung der beiden Studienrichtungen – Wirtschaft und Kommunikationsmanagement – wiedergibt. Die innenliegenden Gänge weiten sich zu Aufenthaltsbereichen und im 1. Obergeschoss verbindet eine Brücke die beiden Arme. An einem Ende ist eine Mensa eingeschoben, die sich zum Innenhof orientiert. Eine Ausnehmung im gegenüberliegenden Trakt gibt den Blick auf die Landschaft frei.

Das Innenleben wurde konsequent auf abstrakte Elemente reduziert, die sich über eine fein ausbalancierte Farbgebung in Grau, Oliv und gelbgrünen Tönen von einander absetzen.

Sie stimmt den Raum und unterstreicht die tektonische Struktur mit sorgfältig gefügten und bewusst gewählten Materialien: sonnig frischer Boden, weiße Wandkörper und silbergraue Stahlkonstruktionen. Die olivgrauen Dreischichtplatten der Fassade bilden eine subtile Ambivalenz zwischen der Eleganz der Farbgebung und dem industriellen Gebrauchscharakter des Trägermaterials. Für die Nutzer ist vor allem der souveräne Eigencharakter der Hochschule wichtig. Als stilvolle Farblandschaft und ausdifferenzierte Raumfolge setzt sie sich vom wenig inspirierenden Umfeld ab und sorgt für jene geistige Dichte, die eine Hochschule auszeichnet.

Wettbewerb I Competition
2001 Preis
Architekt vor Ort I Assistance
Johann Schandl
Ausführung I Realisation
02. 2002 – 02. 2003
Auszeichnung I Award
2004 Architekturpreis des Landes Burgenland
Bauherr I Client
Fachhochschulerrichtungs-GmbH
Baukosten I Building Costs
€ 12,01 Mio

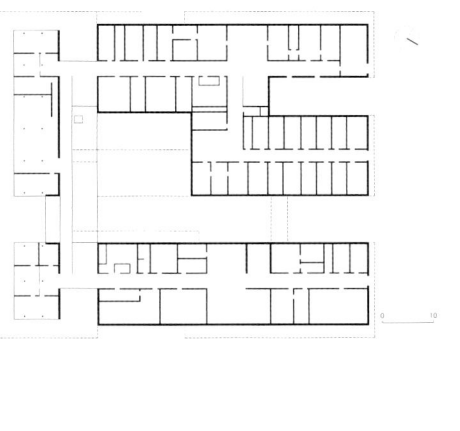

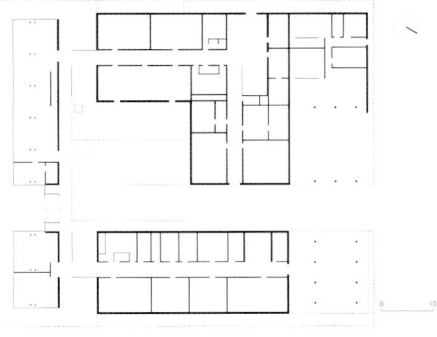

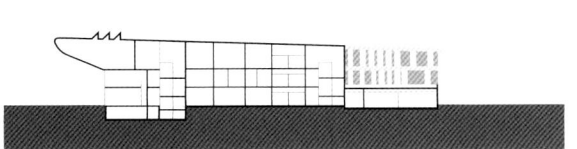

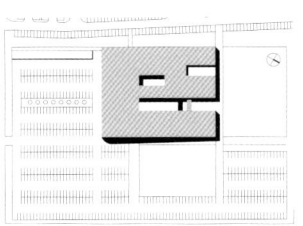

The location is unusual, but this suburban re-development was a pragmatic choice, and the only way to unite the courses of study, hitherto divided between two locations, in a single place. Close to the motorway, on the radial highway leading right to the centre of Eisenstadt, past shopping malls and retail parks, this building is situated in the second row, bordering on the free agrarian landscape, a monumental symbol with its projecting roof. In this suburban war zone, and faced with the competition between the various Fachhochschulen (Universities of Applied Sciences), establishing a unique identity was essential. As the flat, windy planes of this landscape offer few points of reference, though a technology park on each side of the street does offer points of contact in terms of content. Academic life is restricted to the boundaries of this educational enclave.

The designers reacted to these conditions topologically: There's a large body, its interior dissolved into a net of pathways and secluded courtyards, a carefully interrupted arrangement with its alternation between inside and out and its indentures and junctions reflecting the idea of a campus.

The roof surface is a wide wave that cuts across the lecture rooms and their ascending rows of benches. Beyond the free rhythm of ceiling-high windows, the top floor houses some institutes, with seminar rooms below and computer workstations on ground-floor level.

Under the porch there is the entrance, forming the first row of general facilities such as the library and administration. These give way to a concise foyer lying at right angles and flanked by two white, sculptural stairways. The large auditorium forms the atrium around which the building coils in two wings of different width and thus reflects the spatial subdivision of the two courses of studies, i.e. Economics and Communication Management. The inner aisles widen to form recreational areas, and on the first floor a bridge connects the two arms. At one end the student cafeteria, orientated towards the atrium, has been inserted. A recess in the opposite tract opens the view of the surrounding landscape.

The interior has been consistently reduced to abstract elements, contrasting in a cleverly balanced colour scheme of grey, olive, and yellowish green nuances. It gives the space an atmosphere and emphasises the tectonic structure with carefully selected and processed materials: a sunny, fresh flooring, white walls and silver steel constructions. The olive-grey three-layer slabs of the facade reflect the subtle ambivalence between the elegant colouring and the industrial utility of the carrier material. The user, though, is most concerned with the superior identity of the university. Its stylish colour scheme and cleverly balanced room sequences contrast it sharply from its less inspiring surroundings, additionally creating a spiritual density that characterises a university.

HÖSSHALLE

HINTERSTODER / A

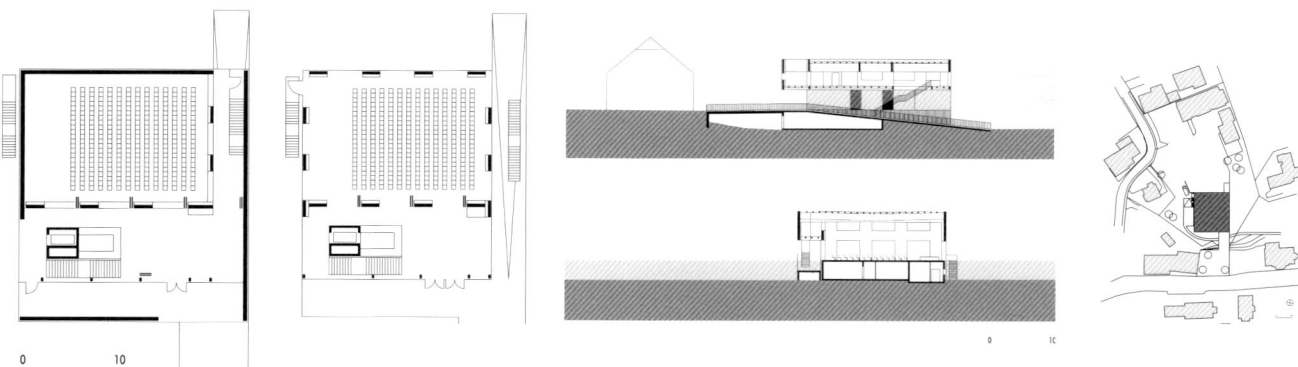

Hinterstoder kennt in seiner Geschichte eine ganze Reihe von glücklichen Impulsen und konnte diese unerwartete, mitunter internationale Aufmerksamkeit immer wieder für seine Entwicklung nutzen.

Schon der Bau von Pfarrkirche und Dorfschule war 1787 auf direkten Antrieb Josef II. erfolgt. Der amerikanische Hochkommisar Clark und der spätere Präsident Eisenhower verbrachten in der Besatzungszeit hier ihre Ferien. 1986 kurbelte ein erstes Schiweltcuprennen den Fremdenverkehr an. 1998 fand eine Landesausstellung statt, Hinterstoder wurde in ein europäisches Dorferneuerungsprogramm aufgenommen und 2002 war es erneut ein Weltcuprennen, das den Bau eines Pressezentrums erforderlich machte. Daraus entstand die Hösshalle, als Veranstaltungssaal für die ganze Gemeinde.

Die Wertschätzung des Landes für architektonische Qualitäten und nachhaltiges Bauen ermöglichte zuerst einen Planungswettbewerb und in Folge eine wegweisende Umsetzung in Holzbauweise, die mehrfach prämiert wurde. Eine ausgezeichnete Gesamtenergiebilanz, eine auf 32 Wochen verkürzte Bauzeit und reduzierte Herstellungskosten waren das befriedigende Resultat für diese Ambitionen.

Die Dorfstraße, beiderseits von einer losen Reihe von Bauten gesäumt, bildet die zentrale Achse von Hinterstoder. An ihr wurde die neue Veranstaltungshalle errichtet. Deutlich abgerückt spannte sie nicht nur eine prägnante Querachse mit dem Kirchenvorplatz auf, sondern gab sie den meist verstellten Blick auf die dahinter liegende Bergkette frei. Durch das fallende Gelände konnten alle Versorgungsfunktionen in einem Sockelgeschoss untergebracht werden, das ungestört beliefert werden kann. Die Veranstaltungsebene, über eine Brücke an die Straße angebunden, ist so weitgehend frei und transparent und in spannungsvollem Gegensatz zum Obergeschoss, dessen Empore für kleinere Veranstaltungen oder Seminare abgeteilt werden kann. Eine vorgelagerte Terrasse beschließt den Rückzug nach oben mit einem intimen Außenraum, der über zwei Öffnungen den Blick zurück auf den Platz und in die Berge fasst. An der Seite verbindet eine Rampe die Dorfstraße mit dem tiefer liegenden Vereins- und Feuerwehrhaus und integriert das Bauwerk in das lokale Wegenetz.

Gemeinsam mit den weiteren Fluchttreppen entsteht so rund um den Saal eine durchgängige Wegschleife, die Innen und Außen zu einem reizvollen Rundgang verbindet. Das schönste Kompliment zur räumlichen Qualität kam vom Bürgermeister, der feststellte, dass die Bälle im Haus jetzt zwei Stunden länger dauern würden als zuvor.

Zuerst in Stahl gedacht, konnte aber der gesamte Aufbau in großteils vorgefertigten Holzbauelementen realisiert werden.

Durch Funktionalität und die sorgsame Einflechtung in das ortsräumliche Gefüge konnte eine hohe Akzeptanz erreicht werden. Eine zeitgenössische Formensprache und die eigenständige Typologie setzen den Spannungen aus dem Massentourismus einen identitätsstiftenden Ankerpunkt entgegen.

Wettbewerb I Competition
1998 1. Preis
Ausführung I Realisation
05. 2002 – 12. 2002
Auszeichnung I Award
Holzbaupreis OÖ 2003
Neues Bauen in den Alpen
Architekturpreis 2006
Bauherr I Client
Gemeinde Hinterstoder
Baukosten I Building Costs
€ 2,24 Mio

The history of Hinterstoder has known many a fortuitous impulse, and this town has often been able to make use of this unexpected international attention to its best advantage and development.

The construction of both parish church and village school was initiated by Emperor Josef II himself as early as 1787. American High Commissioner Clark and future President Eisenhower spent their vacation here during the time of occupation. In 1986 the first skiing World Cup acted as a catalyst for tourism, and in 1998 a federal exhibition was on display here. Hinterstoder was admitted into a European village renewal programme, and another World Cup in 2002 was the trigger for the construction of a new press centre. The Hösshalle was designed as a place for events for the entire community.

As this province is known for the value it places on architectural quality and sustainable construction, a planning competition was initiated. The winning design was then implemented in the shape of a groundbreaking and highly awarded timber structure. These ambitions were crowned by an exceptional total energy balance, a construction time shortened to 32 weeks, and reduced production costs.

The village street, lined with loose rows of buildings on either side, is the central axis of Hinterstoder, alongside which the new hall was built. Clearly detached, it not only spans a significant diagonal axis towards the church forecourt, it also opens up the view of the mountains beyond, which is often blocked. Due to the incline, all maintenance functions could be housed within a basement, which can be supplied without difficulty. This leaves the event storey, linked to the street via a bridge, free and transparent, thus creating an exciting contrast to the upper storey, whose gallery can be subdivided for seminars or events on a smaller scale. A terrace to the front rounds off the design, providing those who wish to retreat upward with a secluded, intimate space outdoors that, in turn, frames the view of the square and the mountains beyond with the aid of two apertures. To one side, a ramp connects the village street with the assembly and fire brigade building below, thus integrating the structure into the local road and path network. Together with the wider emergency staircases, this design creates a continuous loop of pathways around the hall, linking interior and exterior to a delightful circuit. The nicest compliment about the architectural quality of this building was made by the mayor himself, who said that the balls hosted here now took at least two hours longer than they used to.

Although steel was initially considered, the whole construction was completed using mainly prefabricated timber structure elements.

Its functionality and clever integration into the local structure have engendered the widespread acceptance of this building among the local society. A language of contemporary forms and a unique typology have created an identity-building anchor that can hold its own against the tensions of mass tourism.

WOHNHAUS | PRIVATE HOME / A

Die Prosperität von Handels- und Gewerbestädten wurde stets von der Entstehung repräsentativer Wohngebäude begleitet. Diese Repräsentation kann sich je nach Naturell auch ganz nach innen kehren.

Zwei schmale, lang gestreckte Baukörper, die sich kreuzweise überlagern, bilden das Heim einer jungen Familie. Nach Süden, zu einer Durchgangsstraße konstituiert es sich als fensterlose Bauskulptur. Erst dahinter entwickelt es seine wohnlichen und repräsentativen Qualitäten. Eine breit fassende, weiß verputzte Mauerfläche und gebürstete Edelstahltore schirmen Nebenräume, Garage und zwei Innenhöfe ab. An den Seiten entstehen durch gezielt versetzte Wandflächen nicht einsehbare und diskrete Höfe für die verschiedenen Tageszeiten.

Der Eingang wird durch den Zimmertrakt überragt. Ein galerieartiges Foyer empfängt den Besucher, geschützt und indirekt belichtet über ein gartenkünstlerisch gestaltetes Atrium. Entlang eines durchgehenden Weges, der sanft abfallend in die Tiefe des Raumes führt, entfalten sich Innen- und Außenräume zu beiden Seiten. Es folgt eine doppelt hohe Wohnküche, in deren Luftraum man über eine Treppe in das Obergeschoss wechselt. Eine Folge von Zimmern endet dort in einem Arbeitsraum, der auf ein weiteres, allseitig umschlossenes und von oben belichtetes Atrium blickt. Diskrete Abgeschiedenheit und größte Öffnung zugleich verschaffen diesem Haus trotz seiner einfachen Grundstruktur eine vielfältige Verschränkung von Innen und Außen, eine Vermählung von Hofhaus und Villa.

Landschaftsarchitektur I Landscaping
Anna Detzlhofer
Ausführung I Realisation
08. 2003 – 06. 2004
Bauherr I Client
privat

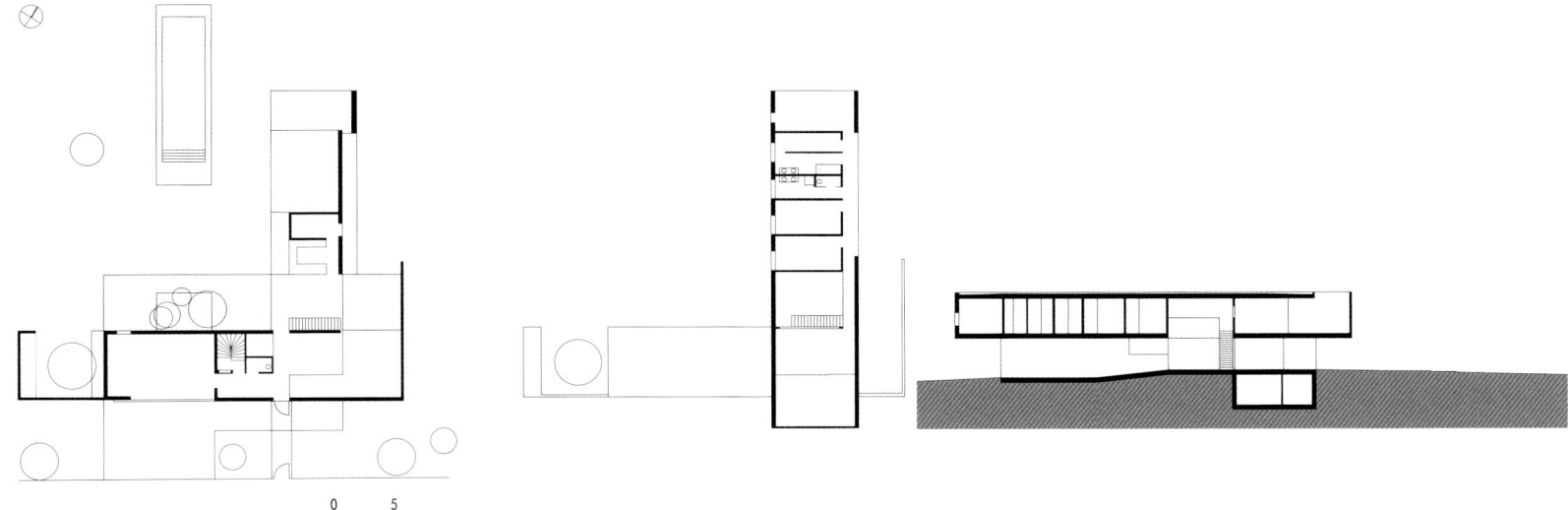

0   5

The prosperity of trade and commercial towns has always been accompanied by the creation of representative residential buildings. However, this representation can, depending on its nature, also completely turn inward.

Two narrow, elongated structures, superimposed on one another crosswise, form the home of a young family. To the south, towards a thoroughfare, it manifests itself as a sculpture with no windows. It is only beyond this point that the building develops its residential and representative qualities. A wide, white wall surface and gates made of satin stainless steel shelter the functional rooms, a garage and two courtyards from the outside. Along the sides, cleverly staggered wall areas create secluded courtyards and niches for various times of the day.

The entrance is dominated by the flight of rooms. A foyer reminiscent of a gallery receives the visitor, sheltered and indirectly illuminated via an artistically garden-designed atrium. Along a pathway cutting through the gently descending depths of the structure, interior and exterior spaces arise on either side. These are followed by a kitchen-cum-living room of double height, whose void carries a staircase spiralling up to the first floor. A sequence of rooms up there culminates in a study looking down upon another atrium that is lit from above and closed on all sides. Despite its simple basic structure, discreet seclusion and, at the same time, utmost openness lend to this house a manifold interlacing of inside and out, it is an marriage of a courtyard house and a villa.

RISC - RESEARCH INSTITUTE FOR SYMBOLIC COMPUTATION

REVITALISIERUNG I REVITALISATION

MIT THOMAS MOSER

SCHLOSS HAGENBERG / A

Die langgestreckte Anlage von Schloss Hagenberg hat ihren historischen Ausgangspunkt in einem mittelalterlichen Burgfried. Durch die Entscheidung, die stark verfallende Substanz zu einem Forschungsinstitut der Universität Linz auszubauen, wurde das gesamte Ensemble sinnvoll erhalten und darüber hinaus für das Gemeindeamt bzw. ein Restaurant genutzt.

Vorgefunden wurde eine Melange von Spuren verschiedener Epochen. Elementares und Strukturelles schlummerte im Verborgenen. Es fehlt die große Zeit in Hagenbergs Bauentwicklung. Vielleicht zeigte sie sich deshalb als so verschlungene Kette von Erzählungen. So war die mittelalterliche Eingangsfassade durch eine barocke Erweiterung der Anlage nach Osten zur unbedeutenden Innenwand geworden. Sie hatte damals endgültig ihr Gesicht verloren und war verschwunden. Die übrigen Burgfassaden waren neu gestaltet und der Zeit angepasst worden.

1985: Der Verfall wirkte sezierend. Der harte Kern des Mittelalters kam hinter einstürzenden Fassaden jüngerer Epochen zum Vorschein. Die später generierte Einheit des Schlosses zerbrach und die Kreativität des Zerfalls regte an. Eine Rekonstruktion einer bestimmten Epoche hätte keine sinnvolle Grundlage gefunden und weit mehr zerstört als gezeigt.

So wurden einzelne bauliche Figuren freigelegt und zu einer architektonischen Montage gefügt. Die Reste der Eingangsfassade wurden aus der irritierenden barocken Verklammerung gelöst. Die Mauerkrone blieb vom Dachansatz getrennt. Die einstige Mächtigkeit der Mauer entstand wieder durch das Verschließen von Türöffnungen und den Aushub des Burggrabens. Durch das Entfernen der nachträglich eingezogenen Decken wurden innere und äußere Burgmauern voneinander getrennt und sichtbar. Es entstand ein bis unter das Dach strebender Raum. Einer russischen Puppe gleich stehen die Mauern in mehreren konzentrischen Ringen rund um den Innenhof und den Burgfried.

Diese Struktur wurde erschlossen durch einen Weg aus Treppen, Rampen und Brücken, der heute das Gebäude durchquert und auf dem sich eine Sequenz von baulichen Figuren aneinander reiht. Im Weg nach oben erlebt man ein Schwer zu Leicht, ein Gestern zu Heute. Frühes Mittelalter im Keller, Gotik, Barock, Romantik am Dach. Geringfügige Fehler im System wurden als zusätzliche Spannungsmomente akzeptiert. So waren beispielsweise die außen liegenden Fensterflügel nachträgliche Ergänzungen des 19. Jahrhunderts und veränderten das Original. Dennoch wurden sie in nur leicht adaptierter Form erneuert. Das architektonische Moment einer monolithischen Erscheinung wurde als gültige Ausdrucksform genutzt.

Ergänzt wurden die freigespielten Figuren durch die erforderlichen Einbauten für den Betrieb des Instituts in einer deutlich ablesbaren Form- und Materialsprache. 'Wir sind uns aus der Distanz von 20 Jahren der Zeitlichkeit dieser Formensprache bewusst und nehmen sie heute als konsistente Umsetzung dieses Gestaltungsansatzes wahr.'

gemeinsam mit I with
Thomas Moser
Ausführung I Realisation
10. 1986 – 05. 1989
Auszeichnung I Award
1989 Kulturpreis des Landes OÖ
1990 Bauherrenpreis der ZVÖ
1990 Architekturpreis österr. Zementindustrie
Bauherr I Client
Gemeinde Hagenberg
Baukosten I Building Costs
€ 1,71 Mio

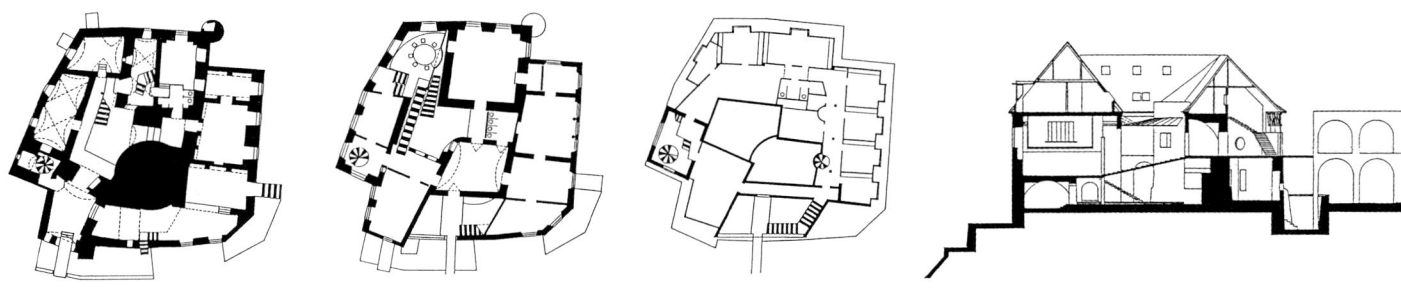

The elongated site of Schloss Hagenberg has its historical origin in a medieval keep. The decision to rebuild the derelict crumbling substance into a research institute for the University of Linz has preserved the entire ensemble in a way that makes good sense, also providing room for the municipal office and a restaurant.

At the outset there was a mélange of traces of various epochs. The elementary and the structural were hidden from view as there are few records dating back to Hagenberg's architectural development. This might be one of the reasons so many different tales have been woven around it. An extension of the building to the east in baroque times reduced the medieval entrance facade to an unimportant inner wall which had lost its face forever and disappeared. The other castle facades were redeveloped and adapted to more modern times.

1985: Decay had a dissecting effect as the crumbling facades of younger epochs revealed the medieval nucleus. The later generated unity of the castle was broken but the decay inspired new creativity as recreating a specific epoch would have lacked sense, destroying more than actually revealing.

Therefore, single structural figures were cleared and assembled into an architectural montage. The remains of the entrance facade were taken out of their irritating baroque parentheses while the capstone stayed aloof from the beginning roof. The former power of the wall was recreated by closing some of the doorways and excavating the moat. By removing the ceilings that had been inserted during later periods, the inner and outer castle walls were separated and thus became visible, creating a space rising up to roof level. Like the skirts of a Russian doll, the walls now stand proudly in concentric circles round the courtyard and the keep.

This structure becomes accessible via a network of staircases, ramps and bridges throughout the building, along which a sequence of structural figures has been arranged. Ascending, the visitor experiences a transition from heavy to light, from yesterday to today – early Middle Ages in the basement, and Gothic, Baroque, and Romanticism towards the roof. Slight system faults were accepted as an additional moment of tension, such as the outer casements that were added in the course of the 19th century and thus changed the original. Nevertheless they were only slightly adapted. The architectural momentum of a monolithic apparition was used as a valid form of expression.

The revealed figures were complemented with fixtures and fittings required for the operation of the institute, using a clearly legible style of both form and material. 'From the distance of 20 years, we can see the temporality of this style and perceive it as the consistent implementation of this structural approach today.'

KULTURHAUS RÖMERFELD MUSIKSCHULE

CULTURAL CENTER RÖMERFELD MUSIC SCHOOL

WINDISCHGARSTEN / A

KULTURHAUS RÖM

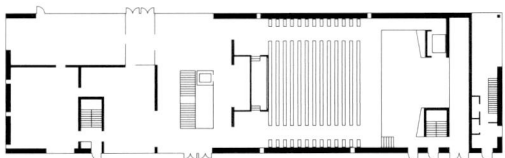  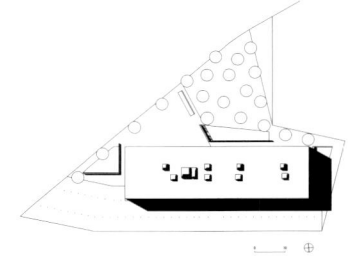

Färbungen und Modulationen des Klangs bedeuten Reichtum in der Musik. Dieselbe Breite für die Wahrnehmung von Licht und Raum zu erreichen war das Ziel für das Kulturhaus Römerfeld. Fein dosierte Variationen von Glas und Farbe bildeten das Instrument dafür.

Die Bauaufgabe einer Musikschule, eines Veranstaltungssaales und einer Gastronomie entstand aus einem Landesprogramm zur Förderung des regionalen Musikunterrichts. Der Standort, eine Marktgemeinde mit rund 2500 Einwohnern, hat als Luftkurort nur regionale Bedeutung, zeigt aber noch heute mit gediegenen Bürgerhäusern aus der Barockzeit, umrahmt von eindrucksvollen Gebirgslandschaften, sein kulturelles Potential.

Am Rande des geschlossenen Ortskerns wurde ein Längsbaukörper gesetzt, an dem Musikschule, Saal und Gastronomie als eigenständige Baukörper abzulesen sind. Sein Vorfeld, entstanden aus der Schrägstellung zur Straße, wird von der wuchtigen Schichtung dunkelgrauer Betonfelder begrenzt. Die Geschlossenheit löst sich aber an großzügig verglasten Öffnungen auf. Es zeigen sich ein Foyer, der Gastraum und eine Freiterrasse als einladendes Innenleben. Der hochrechteckige Erschließungsraum führt über sich kreuzende Treppenarme empor, vibrierend vom durchgängigen Gelb eines fugenlos vergossenen Zementbelags. Wände und Decken in neutralen Nichtfarben überlassen dem einfallenden Sonnenlicht das Spiel mit dem aufsteigenden und sich verzweigenden Farbfluss der Wegflächen. Schweres Sonnenschutzglas mildert die Schattenrisse und variiert die Farbigkeit seiner Reflexionen zu überraschenden

Tönungen von hellem Ocker oder Wiesengrün. Im ersten Geschoss tritt man auf die Galerie des ganz in Bourdeauxrot gehaltenen Saals. Zur anderen Seite gelangt man auf eine Freiterrasse, die vom spiegelnden Schleier des letzten Geschosses weit überragt wird. Seine Reflexion wird durch eine unregelmäßige Figur mattierter Deckenplatten differenziert. Brüstung und Dachkante fassen den Ausblick auf die Gebirgssilhouetten und abends erhält diese Rahmung eine unwirkliche Dimension durch die gelb umlaufende Neonlinie der Lichtkünstlerin Brigitte Kowanz, die weit ins Gebäude dringt.

Im Inneren führt der 'vertikale Platz' die Treppe weiter hoch in das lichte Atrium der Musikschule. Das eindrückliche Gelb des Bodens, über zwei eingestellte Boxen gezogen, wird durch eine wechselnde Abfolge von Lichtbrunnen aufgehellt. Beim Eintritt in die umlaufenden Unterrichtsräume wechselt der Boden in ein sanftes Rotbraun, das Ruhe und Konzentration signalisiert.

Am auskragenden Ende des Musikschulgeschosses spannt sich ein großer Aufführungsraum über die ganze Breite. Der sanfte cremefarbige Ton von Wänden und Vorhängen wird erlebt als besonders feine Schwingung. Die Fassade des obersten Geschosses wird von einer Serie von Wandfeldern und Fensterelementen umgeben. Überlagert werden sie durch eine rahmenlose, weiß bedruckte Strukturverglasung, die sich vor den öffenbaren Fenstern in geschosshohe Lamellen auflöst. Bei gedecktem Licht verfließt sie mit dem Himmel und spiegelt im Sonnenschein ein beeindruckendes Panorama.

Wettbewerb I Competition
2001   1. Preis
Lichtinstallation I Light Installation
Brigitte Kowanz
Ausführung I Realisation
05. 2003 – 11. 2004
Bauherr I Client
Marktgemeinde Windischgarsten
Baukosten I Building Costs
€ 6,07 Mio

Tone colours and modulations convey the wealth of musical expression. Achieving a similarly wide spectrum of light and space was the goal in the case of the Cultural Center Römerfeld. The instrument used was a finely calculated scheme of different glass and a variation of colours.

A federal programme instigated to promote regional music teaching resulted in the design of a music school, a hall for various events, and a restaurant. The location, a market town with about 2,500 inhabitants, only has regional importance as a climatic spa, but its dignified middle-class houses from baroque times, framed by impressive mountains, still show its cultural potential.

At the periphery, outside the closed town centre, a long building has been erected that still shows the music school, hall and restaurant as independent structures. Its front, due to the inclination towards the street, is confined by an impressive layering of dark-grey concrete. However, this closed reticence is dissolved by the generously glazed apertures, showing a foyer, the dining room and an outdoor patio as its enticing interior. The high rectangular space reaches upwards, crossing its arms of intertwining staircases and humming with the continuous yellow of its seamless cement covering. Walls and ceilings in neutral, muted colours refrain from interfering with the sunlight streaming in that plays with the colours flowing along the ramifying pathways. Heavy anti-sun glazing reduces the abrupt changes between light and shade and varies the colours of its reflections to amazing nuances of light ochre or grass-green.

On the first floor, the visitor beholds the gallery of the hall with its all-over hue of Bordeaux red. To the other side there is an open-air patio, covered by the gossamer veil of the topmost storey. Its reflection is differentiated by a crazy-quilt pattern of matt, variegated top panels. The balustrade and roof-edge frame the view of the mountainous silhouette beyond, which at nightfall is given a dimension of insubstantiality by the bordering yellow neon line installed by light artist Brigitte Kowanz, and this aura seems to permeate deep into the structure.

On the inside, the 'vertical square' further elevates the staircase into the light-flooded atrium of the music school. The impressive yellow hue of the flooring, drawn across two inserted boxes, is illuminated by an alternating sequence of fountains of light. When entering the surrounding teaching rooms, the covering changes into a gentle auburn, which creates a restful atmosphere that is highly conducive to concentration.

At the protruding end of the music school floor, a large concert hall spans the entire width. The soft cream hue of both walls and curtains seems to emit particularly delicate vibes. The facade of the top floor is surrounded by a series of wall areas and window elements that are covered by a frameless structural glazing with white printing, which dissolves into storey-high lamellas in front of the opening windows. It seems to merge and blend with the muted light of an overcast sky but reflects an impressive panorama in sunlight.

BAHNHOFCITIY

WELS / A

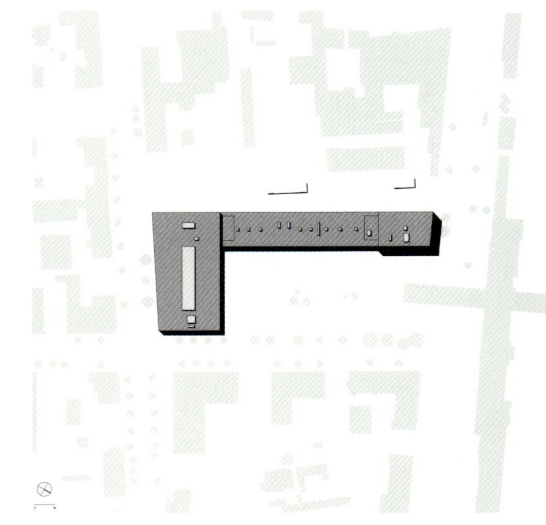

Die Welser Bahnhofcity ist ein besonderes Beispiel für dosierte Maßstäblichkeit und die erfolgreiche Gewichtung von städtebaulicher Gesamtsicht und gestalterischer Bearbeitungstiefe.

Eine Infrastrukturoffensive der Bahn hat der Stadt Wels nicht nur einen attraktiven Bahnhofsneubau beschert, sondern auch durch die spürbare Aufwertung des Umfelds einen lokal ansässigen Investor zu einer nachhaltigen Entwicklung veranlasst. Auf dem einstigen Pendlerparkplatz und Busbahnhof wurden rund 12.500 m2 Nutzfläche für Dienstleistung, Büro und Wohnen in einem geladenen Planungswettbewerb ausgeschrieben, den Riepl Riepl für sich entscheiden konnten.

Ein winkelförmiger Baukörper mit 140 Meter Länge ist für den neuen Bahnhofsvorplatz raumbildend, der durch 300 Tiefgaragenplätze vom ruhenden Verkehr entlastet wurde. Zur Bahn hin steigert er sich zu einem markanten Hochpunkt mit insgesamt acht Geschossen. Das konsistente Erscheinungsbild erreicht für den Gesamtbaukörper eine eindrucksvolle Urbanität, die als Knotenpunkt am internationalen Bahnnetz zugleich visionär und glaubhaft wirkt.

Der Reisende verlässt den Bahnhof über ein Brückenbauwerk, dessen stadtseitiger Landungspunkt auf einer zentralen Fußgängerinsel liegt, die als Drehscheibe für den lokalen und regionalen Busverkehr dient. Der geschäftige Platzraum wird bestimmt von der Kulisse der spiegelnden Fassadenflächen, des markanten Bahnhofsneubaus und einer Reihe von gründerzeitlichen Stadtvillen, die entlang einer mächtigen Allee den Maßstab vorgeben.

Die für den Ort eigentlich gewaltige Baumasse wurde durch eine plastische Modulierung und differenzierte Höhenentwicklung gegliedert. Die Korrespondenz zu benachbarten Traufkanten geschieht aus dem Bewusstsein für die Wirkungsweisen historischer Typologien. Die Kolonnaden des überhohen Erdgeschosses, die drei Passagen ins Stadtzentrum und ein großzügiges Atrium hinterlegen die Wege der Passanten, den Besuch von Cafe und Geschäften mit einer urbanen Grundstimmung. Den Hauptkörper bilden die zwei darüber liegenden Bürogeschosse. Der umlaufende Rücksprung darüber schafft für 70 Kleinwohnungen attraktive Loggien und signalisiert als belebtes Fries Aufenthaltsqualität und Öffentlichkeit. Mit der umlaufenden Attika findet der Hauptkörper einen kräftigen Abschluss und betont die Gesamtform. Auf dieser Höhe setzt ein Turm mit fünf Geschossen als separater Körper auf, den anderen Winkel bekrönt ein breit lagerndes, überhohes Dachgeschoss.

Riepl Riepl haben schon früher begonnen große Fassadenflächen durch freie Elementfolgen zu rhythmisieren. Aus dem Spiel dreier Elementbreiten und zweier Höhen in den Strukturglaselementen und anthrazitfarbenen Öffnungsflügeln entsteht auch hier eine feine grafische Balance. Das scheinbar Zufällige kontrastiert mit der Modernität des Materials und dem städtischen Maßstab. Im Gedächtnis bleiben die Bilder visueller Archetypen: Schichten lagernden Gesteins oder das Schattenspiel lichter Wälder.

Wettbewerb | Competition
2004   1. Preis
Ausführung | Realisation
07. 2005 – 11. 2006
Bauherr | Client
Consulting Company Wels / A
Auszeichnung | Award
Facility 2007
2. Preis
Baukosten | Building Costs
€ 14,05 Mio

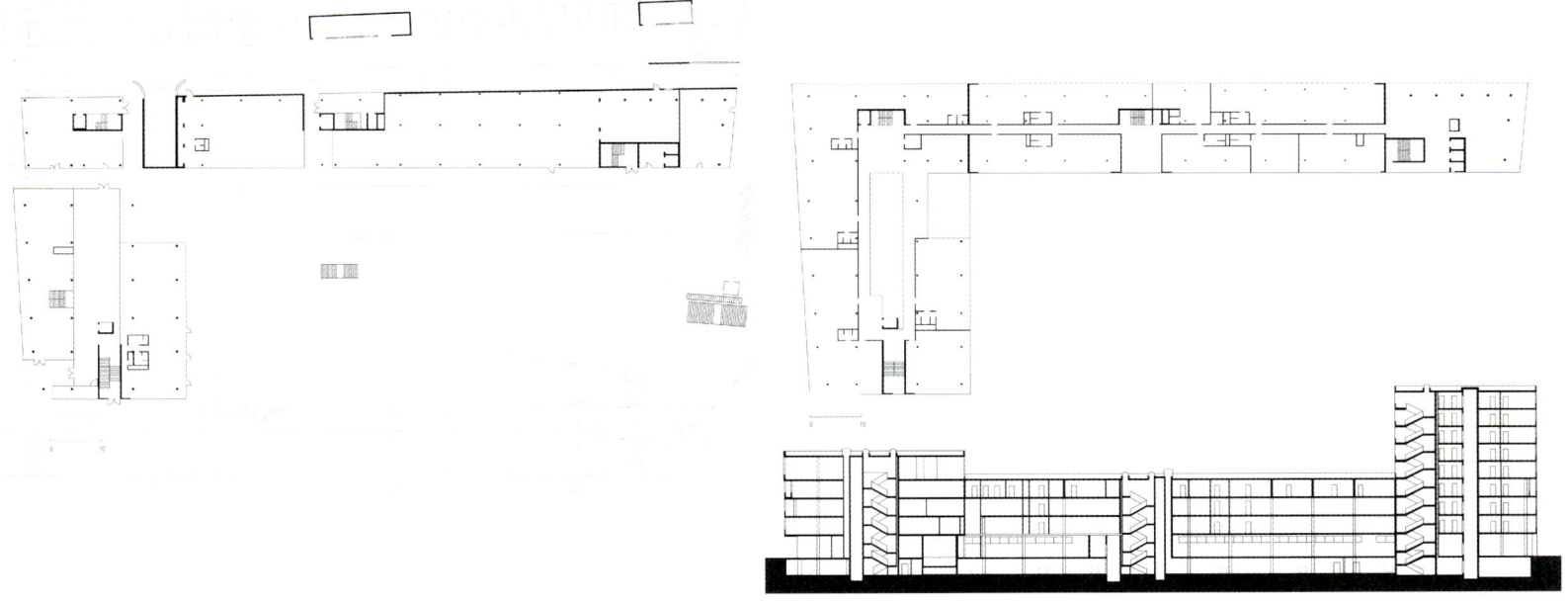

The Bahnhofcity in Wels, Upper Austria, is exemplary for its measured proportionateness and a successful balancing of an urbanistic holistic view against creative depth.

An infrastructure campaign launched by the Austrian Federal Railways has not only resulted in the construction of an attractive new station building, it has also considerably upgraded the surroundings of Wels and thus caused a local investor to initiate some sustainable development. A planning competition for building a complex of service facilities, offices and residences on the premises of the former commuters' car park and bus station, an area of about 12,500 sqm, was won by the Riepl Riepl architects.

An angular structure, 140 metres long, characterises the new station areaway, which has been freed of its burden of parking cars by the 300 new underground parking spaces. Towards the railway, it ascends and culminates in a distinctive eight-storey structure. The consistency of the overall image thus achieves an impressive urbanity for the entire construction, which lends this intersection of the international railway network both vision and credibility.

Heading for the town centre, the traveller leaves the station building by crossing a bridge that touches down onto a central pedestrian island, which serves as an interface for local and regional bus traffic. This buzzing, active space is defined by the backdrop of shimmering facades, the distinctive new station building, and a sequence of villas from the 'Gründerzeit' (the early period of the founding of the German empire) that throng a powerful avenue, thus setting the overall standard. The mass of the construction, which seems almost too bulky for its location, has been structured through the creation of three-dimensional modules and differentiations in the development of height. It corresponds to the adjacent eaves, always conscious of the way historical typologies function. The colonnades of the unusually high ground floor, the three passages leading to the town centre, and a generous atrium bestow the paths of the passers-by, on their way to the stores or cafés, with an aura of urbanity. The main body is formed by the top two office storeys, with an indented circuit above that providing 70 small flats with attractive loggias, a lively frieze showcasing the quality and openness of living aboard this structure. A surrounding fascia provides the main body with a powerful border and emphasises its overall form. At this level, a five-storey tower has been attached as a separate structure, while the other angle is crowned by a wide attic of unusual height.

Riepl Riepl architects had begun earlier to give rhythm to wide facade surfaces by installing sequences of free elements. Playing with structured glass elements of three different widths and two heights and similar anthracite opening wings, they have created a fine graphical balance. What seems accidental is set into sharp contrast to the modern material and the urban standard, committing a wealth of archetypal images to the viewer's memory: one is reminded of layers of stone or the sunlight filtering through the leafy shadow of the woods.

PROJEKTÜBERSICHT | CATALOGUE RAISONNÉ

Wohnhaus
Bauherr I Client
privat
Ausführung I Realisation
1985 – 1987

Gemeindezentrum
Hagenberg / A
gemeinsam mit I with
Thomas Moser
Bauherr I Client
Gemeinde Hagenberg
Ausführung I Realisation
10. 1988 – 05. 1992
€ 2,40 Mio

Gymnasium Wallererstraße
Wels / A
gemeinsam mit I with
Thomas Moser
Bauherr I Client
Bundesministerium
Ausführung I Realisation
11. 1991 – 09. 1994
€ 4,47 Mio

Wohnhaus
gemeinsam mit I with
Thomas Moser
Bauherr I Client
privat
Ausführung I Realisation
1989

Oberbank Technisches Zentrum
Linz / A
1990 Wettbewerb I Competition
gemeinsam mit I with
Thomas Moser

Berufsschule
Linz / A
1990 Wettbewerb I Competition
gemeinsam mit I with
Thomas Moser

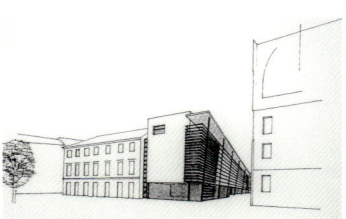

Büro- / Geschäftshaus Kollegiumgasse
Linz / A
1990 Wettbewerb I Competition
gemeinsam mit I with
Thomas Moser

Gymnasium Ramsauerstraße
Linz / A
1990 Wettbewerb I Competition   1. Preis
gemeinsam mit I with
Thomas Moser
Bauherr I Client
BIG Bundesimmobilienges. mbH
Ausführung I Realisation
06. 1997 – 02. 1999
€ 5,55 Mio

Mehrzwecksaal Berufschule Wiener Str.
Linz / A
1992 Wettbewerb I Competition   1. Preis
gemeinsam mit I with
Thomas Moser
Bauherr I Client
Land OÖ
Ausführung I Realisation
06. 1993 – 09. 1995
€ 2,44 Mio

Kolping Familienerholungsstätte
Brombachsee / D
1992 Wettbewerb I Competition
gemeinsam mit I with
Thomas Moser

Wohnhaus
gemeinsam mit I with
Thomas Moser
Bauherr I Client
privat
Ausführung I Realisation
1992 – 1994

Österreichisches Kulturinstitut
New York / USA
1992 Wettbewerb I Competition
gemeinsam mit I with
Thomas Moser
Bauherr I Client
Bundesministerium

Platz und Tiefgarage beim O.K
Linz / A
Bauherr I Client
Raiffeisen Impuls Immobilien GmbH
Ausführung I Realisation
12. 1997 – 12. 1998
€ 1,95 Mio

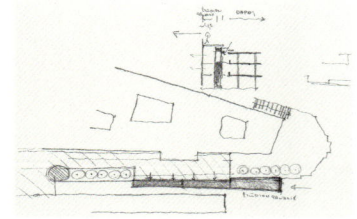

Albertina Museum
Wien I Vienna / A
1993 Wettbewerb I Competition
gemeinsam mit I with
Thomas Moser

Wohnhaus
Bauherr I Client
privat
Ausführung I Realisation
11. 1995 – 07. 1997

Rathaus
Ternberg / A
1994 Wettbewerb I Competition   1. Preis
Bauherr I Client
Gemeinde Ternberg
Ausführung I Realisation
03. 1996 – 01. 1998
€ 1,73 Mio

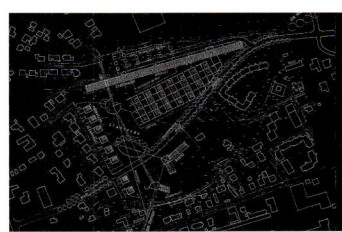

Wohnbebauung
Haid-Ansfelden / A
1989 Wettbewerb I Competition   3. Preis
gemeinsam mit I with
Thomas Moser
Bauherr I Client
Stadtgemeinde Ansfelden

Musikpavillon
Linz / A
1989 Wettbewerb I Competition   2. Preis
gemeinsam mit I with
Thomas Moser
Bauherr I Client
Magistrat Linz

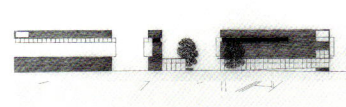

Kunsthalle
Bregenz / A
1989 Competition Ankauf I Ankauf
gemeinsam mit Thomas Moser
Bauherr I Client
Magistrat Bregenz

LIMAK Managementakademie Bergschlößl
Linz / A
gemeinsam mit I with
Thomas Moser
Bauherr I Client
Magistrat Linz
Ausführung I Realisation
10. 1995 – 08. 1998
€ 2,88 Mio

Erweiterung Pfarrkirche
Gallspach / A
1990 Wettbewerb I Competition   1. Preis
gemeinsam mit I with
Thomas Moser
Ausführung I Realisation
nicht ausgeführt I not realised

Softwarepark
Hagenberg / A
1990 Wettbewerb I Competition
gemeinsam mit I with
Thomas Moser

Fassadenrenovierung OÖ GKK
Linz / A
1991 Studie I Study
gemeinsam mit I with
Thomas Moser

Ortszentrum und Seeufergestaltung
Altmünster / A
1991 Wettbewerb I Competition   1. Preis
gemeinsam mit I with
Thomas Moser
Bauherr I Client
Gemeinde Altmünster
Ausführung I Realisation
nicht ausgeführt I not realised

Einsatzzentrale
St. Florian / A
1993 Wettbewerb I Competition   1. Preis
gemeinsam mit I with
Thomas Moser
Bauherr I Client
Gemeinde St. Florian
nicht beauftragt I not contracted

Kindergarten-Hort-Volksschule
Scharmühlwinkel-Linz / A
gemeinsam mit I with
Thomas Moser
Bauherr I Client
Magistrat Linz
Ausführung I Realisation
09. 1993 – 11. 1994
€ 1,82 Mio

Bäderschauraum Odörfer-Knödel
Linz / A
gemeinsam mit I with
Thomas Moser
Ausführung I Realisation
1993

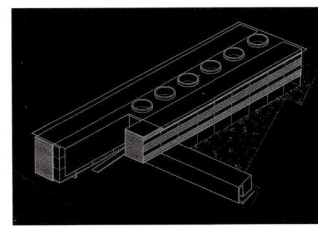

Finanzamt
Hartberg / A
1993 Wettbewerb I Competition
gemeinsam mit I with
Thomas Moser

Bürohaus tilo Schrattenecker, Lohnsburg / A
1994 Wettbewerb I Competition   1. Preis
Auszeichnung I Award
2000 Bauwerk des Jahres in OÖ
2003 Holzbaupreis OÖ Anerkennung
Bauherr I Client G. Schrattenecker GmbH
Ausführung I Realisation
05. 1999 – 05. 2000   € 2,21 Mio

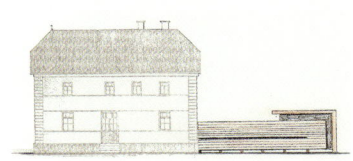

Volksschule Selker
Selker / A
Bauherr I Client
Gemeinde Selker
nicht ausgeführt I not realised

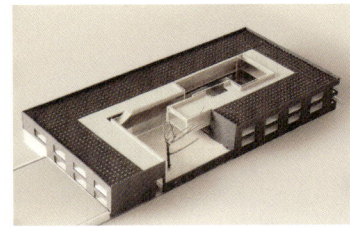

Gödel School
Hagenberg / A
1994 Studie

Schlossrestaurant
Hagenberg / A
Bauherr I Client
Gemeinde Hagenberg
Ausführung I Realisation
1994

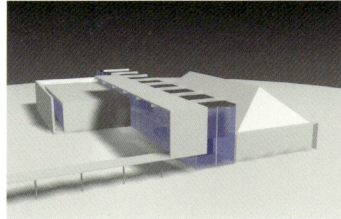

Kulturhof Ostarrichi
Neuhofen / Ybbs / A
1994 Wettbewerb | Competition

Bürohaus und Fertigung ENGEL
Dietach-Steyr / A
Bauherr | Client
Ludwig Engel KG
Auszeichnung | Award
2007 Architekturpreis Steyr
Anerkennung
Ausführung | Realisation
06. 1996 – 12. 1997

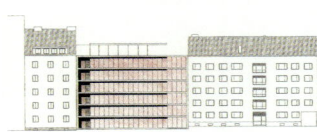

Wohnhaus Hasnerstraße
Linz / A
Bauherr | Client
MWG
nicht ausgeführt | not realised

Gemeindezentrum
Lech / A
1996 Wettbewerb | Competition   3. Preis
gemeinsam mit | with
Helmut Kuess

Wohnbebauung / Betreutes Wohnen
Lambach / A
Bauherr | Client
Neue Heimat Gmbh
Ausführung | Realisation
12. 2005 –

Gästehaus Bergschlößl
Linz / A
1998 Studie
Bauherr | Client
Magistrat Linz

NAUB SCC
Hagenberg / A
1998 Studie

Pflegeanstalt Schloss Gschwendt
Neuhofen / A
1998 Wettbewerb | Competition

Makartsteg
Salzburg / A
1998 Wettbewerb | Competition
gemeinsam mit | with
Erhard Kargel

Erweiterung Softwarepark
Hagenberg / A
1999 Studie
gemeinsam mit | with
Schremmer-Jell

Schulzentrum
Rohrbach / A
1999 Wettbewerb | Competition

Forschung + Entwicklung Semperit
Wimpassing / A
1999 Wettbewerb | Competition

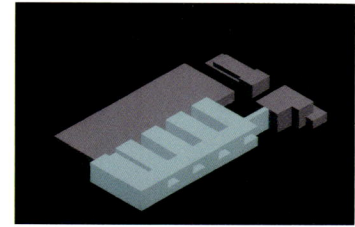

Firmenzentrale ENGEL
Schwertberg / A
Bauherr | Client
Ludwig Engel KG
Studie | Study
1998

Umgestaltung Hauptbahnhof
Klagenfurt / A
1999 Wettbewerb | Competition

Umbau evangelisches Bethaus
Neukematen / A
Bauherr | Client
Evang. Muttergemeinde Neukematen
Ausführung | Realisation
07. 2001 – 09. 2002
€ 0,73 Mio

Medizinzentrum Spezialklinik
Krems / A
2000 Wettbewerb | Competition
Bauherr | Client
MCI + Stadt Krems

Ferienhaus
Bauherr | Client
privat
Ausführung | Realisation
06. 1998 – 10. 1999

Mega-Baumax
Steyr / A
1997 Wettbewerb | Competition

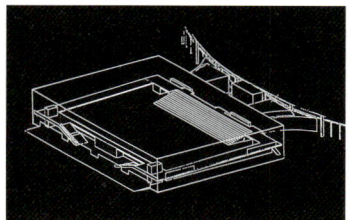

Intersport Arena
Linz / A
1997 Wettbewerb | Competition
gemeinsam mit | with
Bernhard Rosensteiner

Wohnhaus
Bauherr | Client
privat
Ausführung | Realisation
03. 1999 – 01. 2000

Lentos Donaumuseum
Linz / A
1998 Wettbewerb | Competition

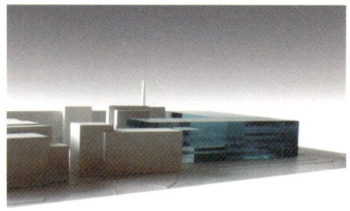

Erweiterung Tabakfabrik
Linz / A
1998 Wettbewerb | Competition

Büro- Geschäftszentrum Prinz Eugen Straße
Linz / A
gemeinsam mit | with
Erich Weidenhiller
Bauherr | Client
Arev Immobilien
nicht ausgeführt | not realised

Fassadengestaltung Geschäftshaus
Linz-Landstraße / A
1998 Wettbewerb | Competition 1. Preis
Bauherr | Client
Evang. Pfarre Linz-Innere Stadt
Ausführung | Realisation
03. 1999 – 08. 1999
€ 1,05 Mio

Museum Carolino Augusteum
Salzburg / A
1999 Wettbewerb | Competition

Museum Carolino Augusteum II
Salzburg / A
2002 Wettbewerb | Competition

Übungsvolksschule Adalbert Stifter
Linz / A
1999 Wettbewerb | Competition

Wohnbebauung Grundbachstraße
Leonding / A
Bauherr | Client
GIWOG Linz
Ausführung | Realisation
10. 2004 – 08. 2005
€ 4,55 Mio

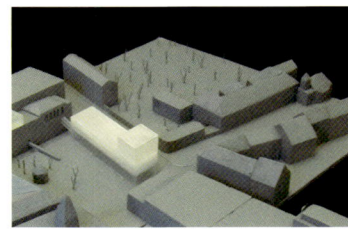

Bürohaus
Linz / A
Bauherr | Client
Real -Treuhand GmbH
Ausführung | Realisation
02. 2006 –

Sparmarkt Ebelsberg
Linz / A
Bauherr | Client
Spar Österreich
Ausführung | Realisation
01. 2002 – 10. 2002
€ 1,64 Mio

Erweiterung Ebner
Linz / A
2000 Studie
Bauherr | Client
Ebner Gmbh

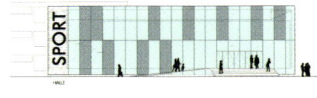

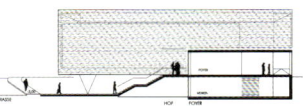

3-fach Turnhalle
Schwanenstadt / A
2000 Wettbewerb | Competition 1. Preis
Bauherr | Client
Gemeinde Schwanenstadt
Ausführung | Realisation
2010 –

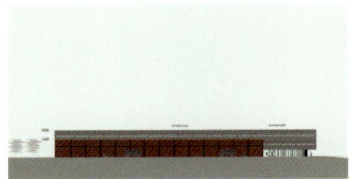

Technologiezentrum TIZ
Kirchdorf/Krems / A
2000 Wettbewerb | Competition

Sportanlage Universitätssportinstitut USI
Linz / A
2000 Wettbewerb | Competition

Wohnbebauung Kaiserebersdorferstraße
Wien | Vienna / A
2000 Wettbewerb | Competition   1. Preis
gemeinsam mit | with
Johannes Kaufmann Architektur
Lichtblau Wagner Architekten
Bauherr | Client
Mischek Gmbh
Ausführung | Realisation
04. 2005 –
€ 28 Mio

Restaurant und Konzernzentrale
Verlagsgruppe Passau
Passau / D
2000 Wettbewerb | Competition

Turnhalle der Hauptschulen
Rieden-Vorkloster / A
2001 Wettbewerb | Competition   3. Preis
gemeinsam mit | with
Johannes Kaufmann Architektur

Fassade Landesgendarmeriekommando
Linz / A
Bauherr | Client
BIG Bundesimmobilienges.mbH
Ausführung | Realisation
2004

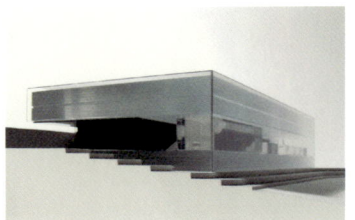

Erweiterung Fachhochschule
Hagenberg / A
2002 Wettbewerb | Competition

Wohnbebauung Monte Laa
Wien / Vienna / A
2002 Wettbewerb | Competition
Bauherr | Client
WLB Wohnpark Laaer Berg

Erweiterung Berufsschule Wiener Straße
Linz / A
2002 Wettbewerb | Competition

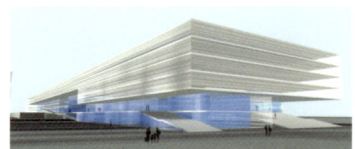

Multifunktionale Nutzung Postareal Bahnhof
Salzburg / A
2002 Wettbewerb | Competition

ÖAMTC Dienstleistungszentrum
Wels / A
2003 Wettbewerb | Competition

Zubau Landeskrankenhaus
Freistadt / A
2003 Wettbewerb | Competition

Sportzentrum
Wattens / A
2003 Wettbewerb | Competition

Pfarrsaal Ebelsberg
Linz / A
Bauherr | Client
Kath. Pfarre Linz-Ebelsberg
Ausführung | Realisation
2007 –
€ 2,15 Mio

Studentenheim am Stiftsbogen
München | Munich / D
2004 Wettbewerb | Competition
gemeinsam mit | with
Dietmar Moser

Zentrum für molekulare Biowissenschaften
Graz / A
2004 Wettbewerb | Competition   3. Ankauf

Umbau Wohnhaus
Bauherr | Client
privat
Ausführung | Realisation
2001

Umbau Zentralstellwerk Hauptbahnhof
Linz / A
Bauherr | Client
ÖBB
Ausführung | Realisation
2000
€ 2,86 Mio

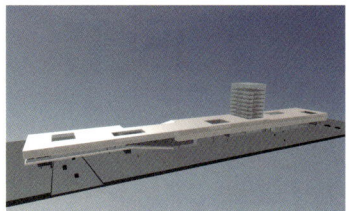

Masterplan Softwarepark
Hagenberg / A
gemeinsam mit | with
Schremmer-Jell
2001 Studie

Zu-/Umbau Volks- und Hauptschule
Ranshofen / A
2001 Wettbewerb | Competition   1. Preis
Bauherr | Client
Stadt Braunau a Inn
Ausführung | Realisation
07. 2006 –
€ 5,26 Mio

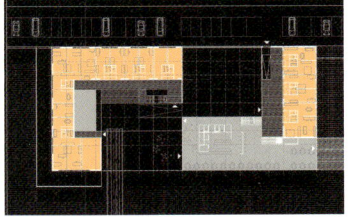

Evang. Studentenheim
Hagenberg / A
2002 Studie
Bauherr | Client
ESH

Schloßhotel
Hagenberg / A
2002 Studie

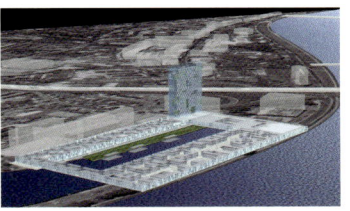

BCL Büro Center Winterhafen
Linz / A
2002 Wettbewerb | Competition

Areal Kitzmantel Musikschule
Vorchdorf / A
2002 Wettbewerb | Competition   3. Preis

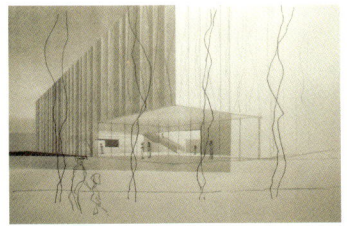

Bezirkshauptmannschaft
Rohrbach / A
2003 Wettbewerb | Competition

Max-Reinhardt-Platz
Salzburg / A
2003 Wettbewerb | Competition   3. Preis

Klosteranlage Altzella
Dresden / A
2003 Wettbewerb | Competition

Veranstaltungszentrum
Zell/See / A
2003 Wettbewerb | Competition

Wohnhaus Rudigierstraße
Linz / A
2004 Wettbewerb | Competition   1. Preis
Bauherr | Client
Stiftung St. Severin
Ausführung | Realisation
02. 2006 –

Pflegeheim
Esternberg / A
2004 Wettbewerb | Competition

Congress Centrum
Würzburg / D
2004 Wettbewerb | Competition   2. Preis

Seniorenwohnheim
Maishofen / A
2004 Wettbewerb | Competition

Campus Westend
Frankfurt / A
2004 Wettbewerb I Competition
gemeinsam mit I with
Axel Baumann Architekten BDA

Congress Centrum
Kitzbühel / A
2004 Wettbewerb I Competition

Fassade Sparkasse Vöcklabruck
Vöcklabruck / A
2004 Studie
Bauherr I Client
Arev Immobilien GmbH

Pflegeheim
Frankenmarkt / A
2004 Wettbewerb I Competition   1. Preis
gemeinsam mit I with
Johannes Kaufmann Architektur
Bauherr I Client
Neue Heimat Linz
Ausführung I Realisation
04. 2006 –
€ 8,10 Mio

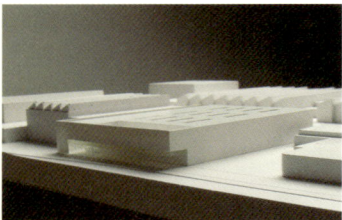

Messesporthalle
Dornbirn / A
2005 Wettbewerb I Competition
gemeinsam mit I with
Johannes Kaufmann Architektur

Bürohaus und Fertigung ENGEL
Shanghai / China
Bauherr I Client
Ludwig Engel KG
Ausführung I Realisation
11. 2005 – 05. 2007

Gemeindezentrum
St. Nikola / A
2005 Wettbewerb I Competition   3. Preis

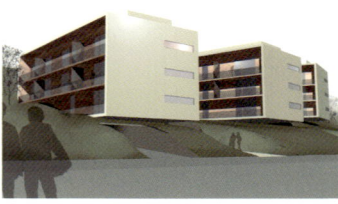

Wohnanlage Waldeggstraße
Linz / A
2005 Wettbewerb I Competition   2. Preis

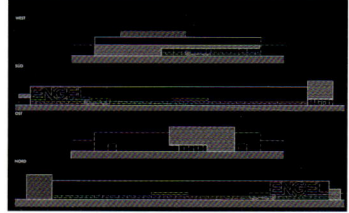

Bürohaus und Fertigung ENGEL
Kaplice / CZ
Bauherr I Client
Ludwig Engel KG
Ausführung I Realisation
09. 2006 – 09. 2007

Wohnhaus
Bauherr I Client
Privat
2006 –

Parkbad
Linz / A
2006 Wettbewerb I Competition 1.Preis
gemeinsam mit I with
Johannes Kaufmann Architektur
Bauherr I Client
Linz AG
Ausführung I Realisation
2007 –

Wohnhaus
Bauherr I Client
Privat
2006-2007

Hypo City Center
Klagenfurt / A
2006 Wettbewerb I Competition   1. Preis
Bauherr I Client
Hypo Alpe Adria

Agrarisches Schulzentrum Salzkammergut
Altmünster / A
2007 Wettbewerb I Competition Ankauf
gemeinsam mit I with
Johannes Kaufmann Architektur

Rheinuferpromenade
Basel / CH
2007 Wettbewerb I Competition 5. Preis
gemeinsam mit I with
el:ch Leschke.Henke.Landschaftsarchitekten

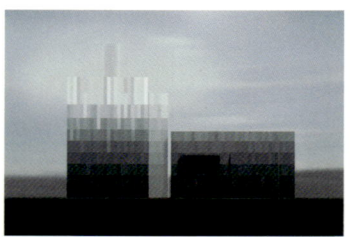

Fassadengestaltung Kraftwerk
Timelkam /A
2007 Wettbewerb I Competition 1.Preis
Bauherr I Client
Energie AG Oberösterreich
Ausführung I Realisation
voraussichtl. 2008

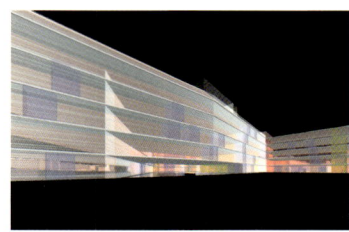

Bebauungsstudie Aspanggründe
Wien | Vienna / A
2005 Wettbewerb | Competition
Bauherr | Client
BIG Bundesimmobilienges. mbH

Bürogebäude Voestalpine IBC
Linz / A
2005 Wettbewerb | Competition   1. Preis
ex aequo Schremmer-Jell

Technik- und Schulungszentrum ENGEL
Schwertberg / A
2005 Wettbewerb | Competition
Bauherr | Client
Ludwig Engel KG

ÖAMTC Landeszentrale
Linz / A
2005 Wettbewerb | Competition   1. Preis
Bauherr | Client
ÖAMTC Oberösterreich
Ausführung | Realisation
08. 2006 –
€ 10,64 Mio

Donausteg
Linz / A
2005 Wettbewerb | Competition
gemeinsam mit | with
Erhard Kargel

Schulzentrum
Taufkirchen/Pram / A
2006 Wettbewerb | Competition   2. Ankauf

Um- /Zubau Arbeiterkammer OÖ
Linz / A
2006 Wettbewerb | Competition   1. Preis
Bauherr | Client
Kammer für Arbeiter und Angestellte OÖ
Ausführung | Realisation
08. 2006 –

Geriatrie Liesing
Wien / Vienna / A
2006 Wettbewerb | Competition   1. Preis
gemeinsam mit | with
Johannes Kaufmann Architektur, ARWAG
Bauherr | Client
Stadt Wien Wr. Krankenanstaltenverbund
Ausführung | Realisation
2007 –

Dienstleistungszentrum Voest Alpine
Linz / A
2006 Wettbewerb I Competition

Schlossmuseum
Linz / A
2006 Wettbewerb I Competition

Betreutes Wohnen
Frankenmarkt / A
gemeinsam mit | with
Johannes Kaufmann Architektur
Bauherr | Client
Neue Heimat – Gemeinnützige Wohnungs-
und Siedlungsgesellschaft in OÖ GmbH

Pflegeheim
Ostermiething / A
2006 Wettbewerb | Competition
gemeinsam mit | with
Johannes Kaufmann Architektur

TEAM

Hilde Benda, Susanne Brandt, Sybille Caspar, Andreas Edelbauer, Catharina Fineder, Helmar Gattringer, Lars Göhring, Albine Habian, Peter Hampel, Kerstin Hofstädter, Sandra Kreindl, Zsolt Magyarics, Marlen Nikolaus, Christof Pernkopf, Bettina Rauch, Maike Rehmann, Manuela Reizl, Thomas Schneider, Roland Schober, Paul Wichert, Aline Wolf, Hans Zaunrieth

Ehemalige Mitarbeiter I former employees
Herbert Danner, Ingrid Doriat, Anton Ehrenreich, Wanda Eitzlmayr, Johann Enzlberger, Susana Garcia, Markus Geisbauer, Debby Haepers, Benjamin Hagemann, Sandra Haider, Andreas Heidl, Georg Hochleitner, Wolfgang Jelinek, Christa Krenn, Christa Lepschi, Hans Lerperger, Ondina Maier, Jutta Manzenreiter, Thomas Maringer, Dietmar Moser, Robert Oberbichler, Helmut Pilgerstorfer, Almut Schindler, Matthias Seyfert, Gerhard Stockinger, Andreas Sturmberger, Iris Teiml, Sigrid Thurn, Josef Ullmann, Christoph Weidinger

Praktikanten I interns
Jutta Drack, Felicitas Egger, Christian Eibel, Sabine Erdt, Christoph Fischerlehner, Michael Grassegger, Tobias Hagleitner, Severin Hamberger, Denise Härtel, Kurt Hauenschild, Ales Holman, Richard Irka, Joachim Jungreithmayr, Emi Kadota, Michael Kaiser, Daniel Kiesenebner, Katharina Kirsch, Stefanie Kleppek, Britta Kraft, Klaus Landerl, Matthias Langmayr, Jörg Lindenbauer, Dieter Matzalik, Sabine Neumayr, Silvia Neumüller, Max Nirnberger, Georg Nöbauer, Barbara Olesko, Monika Onyszkiewicz, Thomas Pejbek, Julia Pfeifer, Petra Pfeil, Herbert Pointner, Helmut Poppe, Peter Pretterhofer, Stefan Reh, Andreas Rumpfhuber, Peter Sapp, Werner Scheutz, Andre Seifert, Clemens Steininger, Viola Stifter, Daniela Wallmüller, Johanna Werschnig, Wolfgang Werschnig, Christoph Wiesmayr, Christoph Zeinitzer, Zhao Ke, Dominik Zisch, Fiona Zisch

PETER RIEPL

geboren 1952

Studium an der Universität Innsbruck / A

seit 1985   gemeinsames Atelier mit Gabriele Riepl in Linz / A

GABRIELE RIEPL

geboren 1954

Studium an der TU Wien, Universität Innsbruck / A

gemeinsames Atelier mit Peter Riepl in Linz / A

1988 - 1994	Bürogemeinschaft mit Thomas Moser
2000	Gastprofessur Universität Kassel / D
2004 - 2005	Gastprofessur Fachhochschule München / D
2005	Gastprofessur Fachhochschule Coburg / D
2006 -	Gastprofessur TU Darmstadt / D

AUSZEICHNUNGEN I AWARDS

1989	Kulturpreis des Landes Oberösterreich / A
1990, 1998, 2001, 2003	Bauherrenpreis der Zentralvereinigung der Architekten Österreichs / A
2000, 2004	Bauwerk des Jahres 2000 in OÖ / A
1990, 2003	Architekturpreis der österreichischen Zement- und Betonindustrie / A
2003	OÖ Holzbaupreis – Hauptpreis und Anerkennung / A
2004	Architekturpreis des Landes Burgenland / A
2006	Architekturpreis Neues Bauen in den Alpen – Anerkennung / I

PETER RIEPL

born 1952

study of architecture at Innsbruck University / A

since 1985   in cooperation with Gabriele Riepl in Linz / A

GABRIELE RIEPL

born 1954

study of architecture at Vienna TU, Innsbruck University / A

in cooperation with Peter Riepl in Linz /A

1988 - 1994	studio in cooperation with Thomas Moser
2000	Visiting Professor Kassel Universitiy / D
2004 - 2005	Visiting Professor at Munich University of Applied Sciences / D
2005	Visiting Professor at Coburg University of Applied Sciences / D
2006 -	Visiting Professor at TU Darmstadt / D

Impressum | Publisher details

Kontakt | Contact details   Riepl Riepl Architekten

Linz / Wien | Vienna / A

www.rieplriepl.com

© 2008 Springer-Verlag/Wien | Vienna / A
Printed in Austria
SpringerWienNewYork is a part of Springer Science + Business Media
www.springer.at

Konzeption	Design	Gabriele Riepl Peter Riepl Josef Pausch Robert Fabach
Mitarbeit	Collaboration	Hilde Benda
Übersetzung	Translation	ILS Delphin Sprachservice ils@dolphin.at
	Jonathan Quinn
Lektorat	Claudia Mazanek

Organisatorische Mitarbeit | Administrative work

Graphische Gestaltung	Design,	Josef Pausch josef.pausch@ufg.ac.at
Lithographie (Druckvorstufe),	
Gesamtbetreuung	Overall Supervision	
Medieninhaber	Owner	Riepl Riepl Architekten

© der Originaltexte | Original texts

Vorwort	Preface	Friedrich Achleitner
Text	Text	Robert Fabach

© der Fotografie | Photography

	Hagenberg	Christian Schepe c.schepe@4bit.at
	Fachhochschule Eisenstadt	Josef Pausch josef.pausch@ufg.ac.at
		Wolfgang Thaler wolfgang.thaler.at
	ÖBB Stellwerk	Josef Pausch josef.pausch@ufg.ac.at,
		Dietmar Tollerian archipicture@inode.at
	Kirche Steyr Resthof	Florian Holzherr www.architekturfoto.net
		Josef Pausch josef.pausch@ufg.ac.at
		Dietmar Tollerian archipicture@inode.at
	Pflegeheim Dornbirn	Bruno Klomfar www.klomfar.com
	OK	Josef Pausch josef.pausch@ufg.ac.at
	Stadthalle BSZ Kirchdorf,	
	Hösshalle,	
	Einfamilienhaus,	
	Windischgarsten,	
	Engel,	
	Bahnhofcity Wels,	
	Atelier	

Projektübersicht | Catalouge Raisonné
Renderings und Modelle |
Rendering and models   Josef Andraschko   j.andraschko@inode.at
© der Fotografie | Photography Pez Hejduk foto.pez.hejduk@chello.at
                               Pia Odorizzi www.odorizzi.net
                               Josef Pausch   josef.pausch@ufg.ac.at

Kunst am Bau | Art in Construction   Liam Gillick / New York / USA
                               Ars Electronica Center / Linz / A   www.aec.at
                               Sabine Bitter und Helmut Weber / Wien | Vienna / A   www.lot.at
                               Angela Bulloch / Berlin / D
                               Keith Sonnier / New York / A   www.keithsonnierstudio.com
                               Michael Lin / Shanghai / VRC
                               Brigitte Kowanz / Wien | Vienna / A   www.kowanz.com

Landschaftsplanung | Landscaping   Anna Detzlhofer / Wien | Vienna / A   www.detzlhofer.at
                               Barbara Bacher / Linz / A   barbara.bacher@eunet.at
                               Cordula Loidl-Reisch / Wien | Vienna / A   www.loidl-reisch.at

Lichtplanung | Lighting   Charles Keller / St. Gallen / CH
                               Bartenbach Lichtlabor / Innsbruck / A   www.bartenbach.com

Architekturateliers | Architect studios   ARGE Johannes Kaufmann Architektur Riepl Riepl Architekten / Wien | Vienna / A
                               Thomas Moser / Innsbruck / A   moser-kleon@tirol.com
                               Johannes Kaufmann / Dornbirn / A   www.jkarch.at

© der Orthofotos | Orthophotography   Amt der OÖ Landesregierung
                               Amt der burgenländischen Landesregierung
                               Land Vorarlberg
                               Stadt Wien – ViennaGIS
© des Stadtplans von Prag | City map   Freytag-Berndt u. Artaria, 1230 Wien | Vienna / A

Druckerei | Printing   Holzhausen Druck & Medien GmbH, 1140 Wien | Vienna / A
Papier | Paper   Tatami white 150 g 1,3fach
                               Gedruckt auf säurefreiem, chlorfrei gebleichtem Papier – TCF
                               Printed on acid-free and chlorine-free bleached paper
Typografie | Typography   Univers Condensed 57, 47, 67

SPIN: 11751106
Mit zahlreichen farbigen Abbildungen |
With numerous figures in colour

Bibliografische Information der Deutschen Nationalbibliothek. Die Deutsche Nationalbibliothek verzeichnet diese Publikation in
der Deutschen Nationalbibliografie; detaillierte bibliografische Daten sind im Internet über http://dnb.d-nb.de abrufbar.

ISBN 978-3-211-33986-2 SpringerWienNewYork